Open Access Policy

Ein Leitfaden
für Kulturerbe-Einrichtungen
in Hessen

Deutsches Dokumentationszentrum
für Kunstgeschichte – Bildarchiv Foto Marburg /
Christian Bracht (Hrsg.)

Open Access Policy

Ein Leitfaden
für Kulturerbe-Einrichtungen
in Hessen

Christian Bracht, Klaus Bulle, Ellen Euler,
Paul Klimpel

Bibliografische Information der Deutschen Nationalbibliothek
Die Deutsche Nationalbibliothek verzeichnet diese Publikation in der Deutschen Nationalbibliografie; detaillierte bibliografische Daten sind im Internet über http://dnb.dnb.de abrufbar.

Die Online-Version dieser Publikation ist auf **www.arthistoricum.net** dauerhaft frei verfügbar (Open Access).
urn: **urn:nbn:de:bsz:16-ahn-artbook-1023-6**
doi: **doi.org/10.11588/arthistoricum.1023**

Publiziert bei
Universität Heidelberg/Universitätsbibliothek
arthistoricum.net - Fachinformationsdienst Kunst · Fotografie · Design
Grabengasse 1, 69117 Heidelberg
www.uni-heidelberg.de/de/impressum

ISBN 978-3-98501-091-2 (Softcover)
ISBN 978-3-98501-090-5 (PDF)

Inhalt

Einleitung

2021 haben sich die wichtigsten Kulturerbe-Einrichtungen des Landes Hessen, nämlich das Deutsche Dokumentationszentrum für Kunstgeschichte – Bildarchiv Foto Marburg der Philipps-Universität Marburg, die Technische Universität Darmstadt – Universitäts- und Landesbibliothek Darmstadt, die Museumslandschaft Hessen Kassel, das Hessische Landesmuseum Darmstadt, das Museum Wiesbaden, die Staatlichen Schlösser und Gärten Hessen, das Landesamt für Denkmalpflege Hessen, das Hessische Landesamt für geschichtliche Landeskunde und das Hessische Landesarchiv, zu einer *Open Access Policy* verpflichtet.

Der vorliegende Leitfaden erläutert diese Policy und gibt Mitarbeitenden in Kulturerbe-Einrichtungen praktische Hinweise, wie sie umgesetzt werden kann. Dafür wird der Text der „Open Access Policy der Kulturerbe-Einrichtungen in Hessen" Abschnitt für Abschnitt (eingerückt und in blau) erläutert.

Der Leitfaden richtet sich zunächst an Mitarbeiterinnen und Mitarbeiter aus Kulturerbe-Einrichtungen in Hessen. Die praktischen Hinweise und Tipps sind aber auch für Einrichtungen anderer Sparten, Themengebiete und Länder nutzbar. Insbesondere die in Museen und Universitäten gesammelten Objekte gehören zu den verschiedensten disziplinären Themengebieten, etwa aus dem Bereich der Natur- und Lebenswissenschaften, der MINT-Fächer, oder aber sie dokumentieren die Alltagswelt einer Stadt, die Industriekultur einer Region oder die Kunst einer Religionsgemeinschaft. Damit diese thematische Diversität möglichst breit abgedeckt wird, steht der Begriff der Kultur pars pro toto für alle anderen Themengebiete.

Auch wenn man zugestehen muss, dass eine vollständige Umsetzung des Open-Access-Paradigmas einer großzügigen Investition von Zeit und Ressourcen bedarf, lassen sich doch auch schon in kleineren Dimensionen und mit überschaubaren Aufwänden große Erfolge erzielen. Der vorliegende Leitfaden soll daher wesentlich dabei unterstützen, mit Augenmaß vertretbare und individuelle Lösungen zunächst für das eigene Haus zu entwickeln, aber zugleich auch in größeren Dimensionen zu denken und zukunftsweisende Ansprüche zu formulieren. Denn die Herausforderungen sind am besten nur Schritt für Schritt zu bewältigen, und in jedem Teilerfolg liegt ein Anreiz für die nächste Etappe.

Herausforderung

Zum kulturellen Erbe und Reichtum Hessens gehören insbesondere historische Gebäude, Kulturlandschaften sowie Sammlungsobjekte und Dokumente der Museen, Archive und Bibliotheken. Die Hessische Landesregierung fördert die Digitalisierungsaktivitäten der hessischen Kulturerbe-Einrichtungen auf vielfältige Weise, denn die Digitalisierung vereinfacht den *Zugang* und erweitert und vervielfacht die *Nutzbarkeit* des von diesen Einrichtungen verwalteten Kulturschatzes. Die Chancen der digitalen Transformation sind in allen Bereichen der Gesellschaft und damit auch in den Kultur- und Gedächtnisinstitutionen als zentrale Gestaltungsaufgabe erkannt worden. Die Kulturerbe-Einrichtungen erfassen deshalb ihre Kulturgüter in Datenbanken, erstellen digitale Abbilder der Kulturgüter und stellen diese der Öffentlichkeit im Internet zu vielfältigen Nutzungen zur Verfügung.

Der offene Zugang wird jedoch häufig durch rechtliche, technische oder finanzielle Beschränkungen stark behindert. Beschränkungen, welche die Nutzung und Fortschreibung von Kunst und Kultur behindern, sollen abgebaut werden. Durch den Ausbau chancengerechter, niederschwelliger Zugänge zu digitalisierten kulturellen Objekten können neue, zielgruppengerechte Angebote entwickelt werden und eine breitere dezentrale Teilhabe ermöglichen – barrierefrei, ortsunabhängig und chancengerecht.

Neuausrichtung der Kulturpolitik

Die *Open Access Policy* wurde in enger Abstimmung mit dem zuständigen Hessischen Ministerium für Wissenschaft und Kunst entwickelt. Sie ist mithin eingebettet in die kulturpolitische Grundsatzentscheidung der hessischen Landesregierung zur Förderung von Open Access. Sie beschreibt insofern auch den kulturpolitischen Rahmen, der zukünftig für Förderungen von Kulturerbe-Einrichtungen maßgeblich sein wird.

Die *Open Access Policy* ist auch eine Reaktion auf die Herausforderungen in einer Welt, die zunehmend durch Digitalität bestimmt ist. Daraus entstehen erhebliche Chancen. Zugleich besteht die Gefahr, dass diese Chancen nicht genutzt werden und damit das kulturelle Erbe erheblich an Bedeutung verliert, weil es angesichts vielfältiger Eindrücke in der medial geprägten Wirklichkeit nicht mehr zur Geltung kommt.

Die Grundregel des Urheberrechts, dass Inhalte nur verbreitet und genutzt werden dürfen, wenn dies der Urheber oder die Rechteinhaberin ausdrücklich erlauben, ist im digitalen Zeitalter zunehmend fragwürdig geworden. Denn digitale Inhalte lassen sich so einfach wie nie zuvor weitergeben und nutzen. Besonders Wissenschaftlerinnen und Wissenschaftler haben die Potentiale des Internets und des freien Austauschs von Wissen früh erkannt. Dies hängt sicher auch damit zusammen, dass Offenheit, Austausch und freier Diskurs schon sehr lange zu den konstitutiven Prinzipien von Wissenschaft gehören – sehr viel länger, als es das Urheberrecht gibt. Im Bereich der Bildung wird das Paradigma der Offenheit unter dem Begriff der „Open Educational Resources" (OER) diskutiert. Darunter werden Bildungsmaterialien verstanden, die frei lizenziert sind und damit auch frei genutzt und weiterverwendet, insbesondere auch verändert und auf spezifische Bildungssituationen angepasst werden können.

Bei der Kulturpolitik haben im Bereich des Kulturschaffens und der Kulturwirtschaft klassische, auf dem Urheberrecht beruhende Verwertungsmodelle durchaus weiterhin ihren Platz. Im Bereich der Kulturpflege indes dominiert der Open-Access-Gedanke die kulturpolitischen Vorgaben, was sich auch vielfältig in Förderbedingungen zeigt.

Nur eine umfassende und freie digitale Nutzbarkeit von Kulturobjekten und -daten, ohne vermeidbare rechtliche, finanzielle oder technische Beschränkungen, schöpft das Potenzial der digitalen Transformation für Forschung, Wissenschaft und Bildung sowie die interessierte Öffentlichkeit und bürgerschaftliche Projekte voll aus. Neue Formen der Teilhabe und Kollaboration sowie der Transfer von kulturellem Wissen in die Gesellschaft bauen auf dem offenen Zugang und der Möglichkeit zur Nutzung digitaler kultureller Objekte auf.

Teilhabe und vermeidbare Beschränkungen

Damit das kulturelle Erbe in die Gesellschaft zurückwirken kann, reicht es nicht, nur einen begrenzten Zugang zu den Zeugnissen der Kultur zu ermöglichen. Vielmehr ist es gerade die freie Nutzbarkeit, durch die Kulturerbe neu kontextualisiert und neu interpretiert werden kann und so in die Gesellschaft zurückwirkt. Es entstehen Nutzungsmöglichkeiten in einer Vielfalt, die nicht einmal ansatzweise vorhergesagt werden können. Damit die sich aus der Digitaltechnik ergebenden neuen Möglichkeiten wirklich genutzt werden können, müssen rechtliche, finanzielle und technische Beschränkungen abgebaut werden.

Nicht alle rechtlichen, technischen und finanziellen Beschränkungen lassen sich überwinden. Zu den unüberwindbaren rechtlichen Hindernissen gehören insbesondere die Rechte Dritter, auf welche die Kulturerbe-Einrichtungen Rücksicht nehmen müssen. Dazu können vertragliche Verpflichtungen gegenüber leihgebenden Personen und Institutionen, Urheberrechte oder Persönlichkeitsrechte gehören.

Berliner Erklärung

Die *Berliner Erklärung über den offenen Zugang zu wissenschaftlichem Wissen* von 2003, die international von über 700 wichtigen Kultur- und Wissenschaftsorganisationen unterzeichnet wurde und die grundlegend für die freie Wissensgesellschaft in der digitalen Welt ist, ist auch handlungsleitend für die Kulturerbe-Einrichtungen in Hessen.

Bei der Berliner Erklärung handelt es sich um ein „Grundlagenpapier für die Wissensgesellschaft". Sie geht über frühere Open-Access-Papiere durch die ausdrückliche Einbeziehung des kulturellen Erbes hinaus. Zu den Erstunterzeichnenden gehört auch die Staatliche Kunstsammlung Dresden. Inzwischen sind zahlreiche deutsche Kulturerbe-Einrichtungen diesem Beispiel gefolgt, darunter mit der Stiftung Preußischer Kulturbesitz auch die größte deutsche Kultureinrichtung. Die Berliner Erklärung ist ohne jeden Vorbehalt für die Kulturerbe-Einrichtungen in Hessen handlungsweisend und bildet das Fundament der *Open Access Policy*.

Berliner Erklärung über den offenen Zugang zu wissenschaftlichem Wissen

Vorbemerkung

Das Internet hat die praktischen und wirtschaftlichen Bedingungen für die Verbreitung von wissenschaftlichem Wissen und kulturellem Erbe grundlegend verändert. Mit dem Internet ist zum ersten Mal die Möglichkeit einer umfassenden und interaktiven Repräsentation des menschlichen Wissens, einschließlich des kulturellen Erbes, bei gleichzeitiger Gewährleistung eines weltweiten Zugangs gegeben. Wir, die Unterzeichner, fühlen uns verpflichtet, die Herausforderungen des Internets als dem zunehmend an Bedeutung gewinnenden Medium der Wissensverbreitung aufzugreifen. Die damit verbundenen Entwicklungen werden zwangsläufig zu erheblichen Veränderungen im Wesen des wissenschaftlichen Publizierens führen und einen Wandel der bestehenden Systeme wissenschaftlicher Qualitätssicherung einleiten. Im Sinne der Budapester Initiative (Budapest Open Access Initiative), der ECHO-Charta und der Bethesda-Erklärung (Bethesda Statement on Open Access Publishing) haben wir diese Berliner Erklärung mit dem Ziel aufgesetzt, das Internet als Instrument für eine weltweite Basis wissenschaftlicher Kenntnisse und menschlicher Reflektion zu fördern und die erforderlichen Maßnahmen zu formulieren, die von Entscheidungsträgern, Forschungsorganisationen, Förderinstitutionen, Bibliotheken, Archiven und Museen zu bedenken sind.

Ziele

Unsere Aufgabe Wissen weiterzugeben ist nur halb erfüllt, wenn diese Informationen für die Gesellschaft nicht in umfassender Weise und einfach zugänglich sind. Neben den konventionellen Methoden müssen zunehmend auch die neuen Möglichkeiten der Wissensverbreitung über das Internet nach dem Prinzip des offenen Zugangs (Open-Access-Paradigma) gefördert werden. Wir definieren den offenen Zugang oder den ‚Open Access' als eine umfassende Quelle menschlichen Wissens und kulturellen Erbes, die von der Wissenschaftsgemeinschaft bestätigt wurden. Die Vision von einer umfassenden und frei zugänglichen Repräsentation des Wissens lässt sich nur realisieren, wenn sich das Internet der Zukunft durch Nachhaltigkeit, Interaktivität und Transparenz auszeichnet. Inhalte und Software müssen offen zugänglich und kompatibel sein.

Definition einer Veröffentlichung nach dem Prinzip des offenen Zugangs (Open-Access-Veröffentlichung)

Der offene Zugang als erstrebenswertes Verfahren setzt idealerweise die aktive Mitwirkung eines jeden Urhebers wissenschaftlichen Wissens und eines jeden Verwalters von kulturellem Erbe voraus. Open-Access-Veröffentlichungen umfassen originäre wissenschaftliche Forschungsergebnisse ebenso wie Ursprungsdaten, Metadaten, Quellenmaterial, digitale Darstellungen von Bild- und Graphik-Material und wissenschaftliches Material in multimedialer Form. Open-Access-Veröffentlichungen müssen zwei Voraussetzungen erfüllen:

1. Die Urheber und die Rechteinhaber solcher Veröffentlichungen gewähren allen Nutzern unwiderruflich das freie, weltweite Zugangsrecht zu diesen Veröffentlichungen und erlauben ihnen, diese Veröffentlichungen – in jedem beliebigen digitalen Medium und für jeden verantwortbaren Zweck – zu kopieren, zu nutzen, zu verbreiten, zu übertragen und öffentlich wiederzugeben sowie Bearbeitungen davon zu erstellen und zu verbreiten, sofern die Urheberschaft korrekt angegeben wird. (Die Wissenschaftsgemeinschaft wird, wie schon bisher, auch in Zukunft Regeln hinsichtlich korrekter Urheberangaben und einer verantwortbaren Nutzung von Veröffentlichungen definieren) Weiterhin kann von diesen Beiträgen eine geringe Anzahl von Ausdrucken zum privaten Gebrauch angefertigt werden.
2. Eine vollständige Fassung der Veröffentlichung sowie aller ergänzenden Materialien, einschließlich einer Kopie der oben erläuterten Rechte wird in einem geeigneten elektronischen Standardformat in mindestens einem Online-Archiv hinterlegt (und damit veröffentlicht), das geeignete technische Standards (wie die Open-Archive-Regeln) verwendet und das von einer wissenschaftlichen Einrichtung, einer wissenschaftlichen Gesellschaft, einer öffentlichen Institution oder einer anderen etablierten Organisation in dem Bestreben betrieben und gepflegt wird, den offenen Zugang, die uneingeschränkte Verbreitung, die Interoperabilität und die langfristige Archivierung zu ermöglichen.

Unterstützung des Übergangs zum „Open Access"-Paradigma für elektronische Publikationen

Unsere Organisationen unterstützen die Weiterentwicklung des neuen Open-Access-Paradigmas mit dem Ziel, den größtmöglichen Nutzen für Wissenschaft und Gesellschaft zu erreichen.

Dieses Anliegen wollen wir fördern, indem wir

- unsere Forscher und Stipendiaten darin bestärken, ihre Arbeiten entsprechend den Grundsätzen des Open-Access-Paradigmas zu veröffentlichen;

- die Verwalter von kulturellem Erbe ermuntern, den offenen Zugang durch Bereitstellung ihrer Ressourcen im Internet zu fördern;
- Mittel und Wege zur Evaluierung von Open-Access-Veröffentlichungen und Online-Zeitschriften entwickeln, damit die Standards wissenschaftlicher Qualitätssicherung und guter wissenschaftlicher Praxis erhalten bleiben;
- dafür eintreten, dass Open-Access-Veröffentlichungen bei der Beurteilung wissenschaftlicher Leistungen anerkannt werden;
- dafür eintreten, dass die spezifischen Beiträge für die Entwicklung einer Open-Access-Infrastruktur in Form von Software-Entwicklung, der Bereitstellung von Inhalten, der Metadaten-Erstellung oder der Veröffentlichung einzelner Artikel allgemein anerkannt werden.

Wir sind uns der Tatsache bewusst, dass der Prozess des Übergangs zu einer Kultur des offenen Zugangs rechtliche und finanzielle Auswirkungen auf die Wissensverbreitung hat. Unsere Organisationen unterstützen deshalb auch die Weiterentwicklung der bestehenden rechtlichen und finanziellen Rahmenbedingungen, um die Voraussetzungen für eine optimale Nutzung eines offenen Zugangs zu ermöglichen.

Das Open-Access-Paradigma der Berliner Erklärung wird von der „Open Access Policy der Kulturerbe-Einrichtungen in Hessen" aufgegriffen, indem es dort weiter heißt:

> Bestehende Beschränkungen sind zu überwinden und die Bereitstellungspolitiken und Finanzierungspraxis der Kulturerbe-Einrichtungen an geänderte rechtliche und gesellschaftliche Rahmenbedingungen anzupassen.
>
> Die vorliegende Open Access Policy definiert in einem Zehn-Punkte-Plan einen einheitlichen, innerhalb der geltenden rechtlichen Vorgaben passenden Rahmen für den Umgang mit Regelungen zur Nutzung und Abgeltung von digitalen Angeboten und Leistungen. Sie fördert so spartenübergreifend den freien digitalen Zugang zu Werken der materiellen und immateriellen Kultur sowie deren Verwendbarkeit.

Die Umsetzung der *Open Access Policy* erfordert einen langen Atem. Die Überwindung von Beschränkungen betrifft Nutzungsbedingungen genauso wie Gebührenordnungen. Sie betrifft aber auch die Vertragsgestaltung gegenüber Dritten, wenn Sammlungen übernommen werden. Es handelt sich um einen Prozess, der ganz unterschiedliche Aspekte der Arbeitsweise von Kulturerbe-Einrichtungen betrifft.

Handlungsmaxime

Mit den im Folgenden benannten Handlungsempfehlungen wird die Forderung aus der *Berliner Erklärung* über den offenen Zugang zu wissenschaftlichem Wissen aus dem Jahre 2003 an die aktuellen Entwicklungen und Veränderungen rechtlicher Vorgaben angepasst und für den Kulturerbe-Bereich im Land Hessen konkretisiert.

Die *Open Access Policy* ist eingebettet in politische, rechtliche und gesellschaftliche Bestrebungen, den Zugang zum kulturellen Erbe zu erleichtern und digitale Teilhabe zu ermöglichen. Dies sind insbesondere:

- die europäische und nationale Gesetzgebung zur Weiterverwendung von Informationen der öffentlichen Hand

Daten der öffentlichen Hand sollen zur freien Nutzung zur Verfügung stehen. Sichergestellt wird dies durch das im Juli 2021 in Kraft getretene Datennutzungsgesetz (DNG). Mit dem DNG hat der Bund die Open Data und Public Sector Information Richtlinie der Europäischen Union (PSI-Richtlinie (EU) 2019/1024) umgesetzt. Kerngedanke der Richtlinie ist explizit, die kommerzielle Weiterverwendung von öffentlichen Informationen zu fördern (siehe auch § 4 DNG). Dem liegt die Annahme zugrunde, dass frei nutzbare öffentliche Information zu einer Stimulierung der Wirtschaft führt und der damit verbundene volkswirtschaftliche Nutzen – Förderung des Zugangs zu und des Erwerbs von Kenntnissen, Transparenz und Demokratie – regelmäßig andere Interessen überwiegt.

Bibliotheken, Archive und Museen sind seit 2013 explizit in den Anwendungsbereich der Richtlinie einbezogen. Auch kulturelle Informationen sollen möglichst breit wiederverwendet werden, damit sich ihr wirtschaftliches Potential entfalten kann. Zwar wurde Kulturerbe-Einrichtungen durch die Richtlinie und auch durch das neue DNG die Möglichkeit eingeräumt, Gebühren zu erheben. Grundsätzlich verfolgt die Gesetzgebung jedoch das Ziel, Daten möglichst gebührenfrei verfügbar zu machen. Das zeigen auch die Leitlinien für empfohlene Standardlizenzen, Datensätze und Gebühren für die Weiterverwendung von Dokumenten vom 24. Juli 2014. Wichtiger noch als die Gebührenfreiheit sind die Möglichkeiten der Nutzung. Hier bestimmt § 4 Abs. 3 S. 2 DNG, dass die Lizenzierung die Möglichkeiten der Nutzung nicht unnötig einschränken darf. Daraus ergibt sich, dass so offen wie möglich zu lizenzieren ist!

- die Anpassung des Urheberrechts an die Erfordernisse des digitalen Binnenmarktes (DSM-Richtlinie)

Anreize für Innovation, Kreativität, und Investitionen für die Produktion neuer Inhalte zu schaffen, zählt ebenso zu den zentralen Zielen der Richtlinie zur Anpassung des Urheberrechts an die Erfordernisse des digitalen Binnenmarktes (DSM-Richtlinie) wie die kulturelle Vielfalt und das gemeinsame kulturelle Erbe Europas zu bewahren. Ein Schwerpunkt der DSM-Richtlinie liegt darauf, angemessene urheberrechtliche Rahmenbedingungen für den Erhalt des kulturellen Erbes zu schaffen, indem Erleichterungen für Kulturerbe-Einrichtungen bei der Nutzung urheberrechtlich geschützter Werke zu Erhaltungszwecken geschaffen werden. Darüber hinaus wurde der rechtliche Rahmen für die Sichtbarmachung des kulturellen Erbes verbessert, zum einen durch die Möglichkeit zur Online Stellung von „nicht verfügbaren Werken“ durch Kulturerbe-Einrichtungen, zum anderen durch die Klarstellung, dass auch die Reproduktionen gemeinfreier visueller Werke gemeinfrei sind. Die Vorgabe aus Art. 14 der Richtlinie, dass die Reproduktionen von visuellen Werken keine neuen Schutzrechte bewirken dürfen, wurde in § 68 UrhG umgesetzt, der seit dem Juli 2021 gilt:

> *„Vervielfältigungen gemeinfreier visueller Werke werden nicht durch verwandte Schutzrechte nach den Teilen 2 und 3 geschützt."*

Durch diese Formulierung und auch dadurch, dass die Vorgabe der Richtlinie in einem eigenen Paragraphen und nicht als Ergänzung einzelner Vorschriften umgesetzt wurde, unterstreicht die deutsche Gesetzgebung das Prinzip, dass, was gemeinfrei ist, auch gemeinfrei bleiben muss.

- die europäische und nationale Förderpolitik

Sowohl in Europa als auch in Deutschland – und da sowohl auf Bundesebene wie auf der Ebene der Länder – orientiert sich die Förderpolitik zunehmend am Open-Access-Paradigma.

In ihren Empfehlungen zur Digitalisierung hat sich die Europäische Kommission schon sehr früh dafür ausgesprochen, bei der Digitalisierung und Online Verfügbarkeit von kulturellem Erbe einen breiten Zugang zu gemeinfreien Inhalten zu gewährleisten. Gemeinfreie Inhalte sollen auch nach der Digitalisierung gemeinfrei bleiben.

Auch in der Förderpolitik der EU spielt das Paradigma des freien Zugangs und der freien Nutzbarkeit eine wichtige Rolle, insbesondere in der Wissenschaftsförderung. Das war bereits für das von 2014 bis 2020 geltende EU Förderprogramm Horizont 2020 so und gilt auch für Horizont Europa, das 9. EU-Rahmenprogramm für Forschung und Innovation (1. Januar 2021 bis 31. Dezember 2027). Die freie Lizenzierung von Projektergebnissen und Interoperabilität von Forschungsdaten ist Voraussetzung für eine Förderung.

Hinzu kommt, dass die Europeana als größtes EU-finanziertes Kulturerbe-Portal sich dem Grundsatz von Open Culture verpflichtet sieht und die freie Lizenzierung fördert.

Im Koalitionsvertrag der deutschen Bundesregierung von 2018 heißt es: „Wir wollen eine nationale Open-Access-Strategie entwickeln. Wir werden offene Kanäle für wissenschaftliche Kommunikation und Publikation fördern und Empfänger von Fördermitteln im Rahmen der Projektförderung des Bundes daher regelhaft verpflichten, ihre Publikationen mittels offener Lizenzen frei verfügbar zu machen [...]". Und auch im Koalitionsvertrag 2021-2025 zwischen der Sozialdemokratischen Partei Deutschlands (SPD), BÜNDNIS 90 / DIE GRÜNEN und den Freien Demokraten (FDP) wird die eingeschlagene Richtung bestätigt, dort heißt es u. a. „Wir werden mit Citizen Science und Bürgerwissenschaften Perspektiven aus der Zivilgesellschaft stärker in die Forschung einbeziehen. Open Access und Open Science wollen wir stärken."

In verschiedenen Bundesländern (Baden-Württemberg, Berlin, Brandenburg, Hamburg, Schleswig-Holstein und Thüringen) ist eine Orientierung am Open-Access-Paradigma ebenfalls klar in der Förderpolitik erkennbar. So heißt es etwa in Förderrichtlinie der Senatsverwaltung für Kultur und Europa von Berlin:

„Die Senatsverwaltung für Kultur und Europa fördert spartenübergreifend die Digitalisierung von Objekten aus Kulturerbeeinrichtungen (Archive, Bibliotheken, Museen, Gedenkstätten etc.) mit Sitz in Berlin.

Im Mittelpunkt des Förderprogramms steht der Zugang zu Informationen und Objekten des kulturellen Erbes von Berlin für die interessierte Öffentlichkeit – auch mit Blick auf deren Präsentation in der Deutschen Digitalen Bibliothek.

Außerdem soll im Rahmen der verfügbaren Mittel das Ziel der weitergehenden Nutzung von Digitalisaten berücksichtigt werden."

Eine Orientierung am Open-Access-Paradigma zeigt sich etwa auch im Leitfaden „Open Up! Museum: Wie sich Museen digitalen Herausforderungen stellen", der aus einem Weiterbildungsprojekt des Landes Baden-Württemberg hervorgegangen ist, oder des Projekts Museum4punkt0, bei dem die Staatlichen Museen zu Berlin, das Deutsche Museum in München und das Überseemuseum in Bremerhaven zusammenarbeiten, und das ebenfalls durch die Bundesbeauftragte für Kultur und Medien gefördert wird.

Auch die Förderpolitik der Deutschen Forschungsgemeinschaft, die zahlreiche Digitalisierungsprojekte auch bei Kultureinrichtungen ermöglicht hat, zielt auf den freien Zugang und die Nutzbarkeit der Digitalisate. In den Praxisregeln zur Digitalisierung der Deutschen Forschungsgemeinschaft heißt es: „Bei der Digitalisierung gemeinfreien Materials wird die Markierung der Digitalisate als Public Domain erwartet."

- die wissenschafts- bzw. kulturpolitischen Deklarationen von Träger- und Fördereinrichtungen, welche den offenen Zugang zu öffentlich finanzierten Wissensressourcen fordern

Bereits vor der Veröffentlichung der Berliner Erklärung wurde durch die Budapester Open Access Initiative die Geltung des Open-Access-Paradigmas in der Wissenschaft gefordert.

Die Bedeutung des freien Zugangs zum kulturellen Erbe kommt besonders eindrücklich in der „Empfehlung der drei Weisen zum Ausbau des kulturellen Erbes im Netz" zum Ausdruck, die im Auftrag der Europäischen Kommission entwickelt und 2011 unter dem Titel „Eine neue Renaissance" veröffentlicht wurde. Darin wird u. a. gefordert, einen breiten Zugang zu digitalisierten gemeinfreien Materialien sowie deren unbeschränkte Nutzung zu ermöglichen und auch Anreize für die Digitalisierung und Online-Zugänglichkeit von urheberrechtlich geschützten Materialien zu schaffen.

In Einklang mit den Grundsätzen für offene Kulturerbe-Einrichtungen und den Ansätzen aus der nationalen Datenstrategie des Bundes wollen die Kulturerbe-Einrichtungen in Hessen folgende Maßgaben umsetzen:

Aller wisheit
eyn anevanc
Sint herce
mut unde ge
danc. Dir in
geist unde un
ter tan sint
So gedenke suzir meyde kint
Daz du mensche mit uns were
Unde sunde doch virbere
Mit den wir gar umvangen sin
Vatir son tu helfe schin.
Jhesu da bi ich dich bekenne
Crist durch helfe ich dich nenne
Eyn got und doch drivalt
Got unde mensche mit gewalt
Jhesu du in wan einir
Suze senfte unde reine
Din tugent uns daz ofte kundit
Swi gar wir sin virsundit
Mit helfe du dich uns neigist
Dā mit suzer dich eigist
An forme an namen uns gelichen
Got unde doch menschlichen

Du crist wir cristen du unsir heil
Du got du mēsche mit erhalbe teil
Du schepfer du geschefte kint
Du lew. du arn. du mēsche du rint
Du alt vor alleme anegenge
Du iung du mēschlich gedrenge
Dorch uns in der crippen sloz
Du an diner mancraft so groz
Daz niman dich gemezzen mac
Aller creature be iac
Herre stet an dinen henden
Swaz lebit in den vir wenden
Osten westen norden sunder
Ober uns und ouch under
Lobit diner gotheit wundir
Wie hat din gotlich list gesundert
Daz al daz element wundert
Sunne mane nacht van dem tage
An dem firmamēt den sternen be iage
Din gotlich wisheit füret
Swaz daz elemēt geruret
Din wort an löfe daz leidit
Der planeten craft arbeit
Wu si den himel wid' naheit
Der sterren snelle und ir gaheit
Din eines hant besluzit
Ob dich rede nu nicht virdruzit
Des geniuzit min sundic munt
Sint du bist sloz unde bunt
Der tüfe der breite ein selden port
Der sunden heil der sele hort
Eyn suze obir alle suze
Gunne mir daz ich dich grüze
Vñ dinē namen bringen zu lobe
Des höhe swebit allē himeln obe
Des gröze deme hymele ist zu groz
Des lenge hat nirgen widir stoz.
Swo dū wilt vñ her sāl
Sūer laz dir gevallen wāl
Swi gar ich si vir sundit.

So offen wie möglich

1. Kulturelle Inhalte und Daten sollen offen und breit verfügbar sein. Sie sollen möglichst ohne rechtliche, technische oder finanzielle Beschränkungen verwendbar sein.
Wer nach diesen Prinzipien handelt, fördert die Verbreitung von Informationen für Wirtschaftsakteure und auch für die allgemeine Öffentlichkeit. Das ist notwendig, um soziales Engagement und die Entwicklung neuer Dienstleistungen, die solche Informationen auf neuartige Weise kombinieren und nutzen, anzustoßen und zu fördern. Die Kulturerbe-Einrichtungen im Land Hessen machen kulturelle Objekte und Daten daher nach dem Grundsatz **„so offen wie möglich"** über das Internet zugänglich und nutzbar. Das beinhaltet die im Folgenden adressierten technischen, rechtlichen und finanziellen Aspekte.

Zugang und Nutzbarkeit von kulturellen Inhalten und Daten sind nicht immer gänzlich ohne Beschränkung möglich. Darauf nimmt der Grundsatz „so offen wie möglich" Rücksicht.

Würde sich die Kulturförderung auf solche Projekte und Vorhaben beschränken, die eine unbegrenzte Zugänglichkeit und Nutzbarkeit garantieren können, so ginge dies mit einer unvertretbaren inhaltlichen Verkürzung einher. Denn in bestimmten Fällen bestehen unüberwindbare Hindernisse für eine gänzlich freie Nutzbarkeit.

Die Creative-Commons-Lizenzen bieten hier ein gutes Werkzeug, da auch für Konstellationen, in denen keine gänzlich freie Nutzbarkeit möglich ist, Lizenzkombinationen angeboten werden, die zumindest eine weitere Nutzbarkeit ermöglichen, als es nach dem gesetzlichen Normalfall möglich wäre.

So wichtig es ist, auf bestimmte, unüberwindbare Hindernisse für gänzlich freien Zugang und gänzlich freie Nutzbarkeit Rücksicht zu nehmen, so wichtig ist es auch, dass stets versucht wird, Hindernisse zu überwinden und alles für eine möglichst freie Nutzbarkeit zu unternehmen. Der Verweis auf Hindernisse darf nicht als Vorwand missbraucht werden, um sich Mühen zu ersparen, die mit der Umsetzung des Open-Access-Paradigmas verbunden sind.

Willehalm-Kodex, Fritzlar (?) 1334 – Quelle: orka.bibliothek.uni-kassel.de/viewer/image/1300457892891/2, Public Domain Mark 1.0

Freie Nutzbarkeit und FAIR-Prinzipien

2. Offenheit und Nachnutzbarkeit setzen gehaltvolle und interoperable Metadaten, hohe Qualität und Auflösung der Digitalisate, offene Schnittstellen und offene (Datenaustausch-)Formate voraus. Die Bereitstellungspolitik für kulturelle Objekte und Daten soll den **FAIR-Prinzipien** folgen und Auffindbarkeit, Zugänglichkeit, Interoperabilität und Wiederverwendbarkeit technisch wie rechtlich sicherstellen. Die Kulturerbe-Einrichtungen in Hessen orientieren sich an den für Forschungsdaten entwickelten FAIR-Prinzipien.

Die FAIR-Prinzipien besagen, dass Forschungsdaten auffindbar (findable), zugänglich (accessible), interoperabel (interoperable) und wiederverwendbar (re-usable) sein sollen. Sie bilden die Grundlage für eine disziplinen- und länderübergreifende Nutzung der Daten. Dabei beziehen sich die FAIR-Prinzipien auf alle digitalen Daten, die im Zuge wissenschaftlicher Vorhaben entstehen, das heißt sowohl qualitative und quantitative Forschungsdaten als auch Metadaten oder Algorithmen, Werkzeuge und Software.

Lizenzierungspolitik und freie Lizenzen

3. Die Kulturerbe-Einrichtungen unterstützen die Wiederverwendbarkeit digitaler kultureller Objekte und Daten durch eine geeignete Lizenzierungspolitik: Gemeinfreie Werke werden als solche gekennzeichnet, wozu das international anerkannte, maschinenlesbare Public Domain Mark verwendet werden soll. Ansonsten werden die Creative-Commons-Lizenzen in Version 4.0 als standardisierte und maschinenverständliche **freie Lizenzen** genutzt. In Übereinstimmung mit den Richtlinien der DFG werden für urheberrechtlich geschützte Werke die Creative-Commons-Lizenzen CC BY und CC BY-SA verwendet oder diese mittels CC0 für die Nachnutzung freigegeben. Für digitale kulturelle Objekte und Daten, an denen Rechte Dritter bestehen und für die keine Nutzungsrechte eingeräumt werden können, sollen die Rechtehinweise von RightsStatements.org zur Anwendung gebracht werden, um eine standardisierte Aussage zu gegebenenfalls auf gesetzlicher Grundlage bestehenden Nutzungsfreiheiten zu treffen.

Creative Commons als internationaler Standard für die freie Lizenzierung

Mit dem Aufkommen der Digitaltechnologie und vor allem mit der Verbreitung des Internets wurde die „Kopie“ grundlegend für jede Nutzung. Denn allein wenn man eine Webseite öffnet oder einen Stream startet, entsteht technisch gesehen eine Kopie, die im Zwischenspeicher des Computers oder des Smartphones abgelegt wird. Damit wird praktisch jede Nutzung des Internets urheberrechtlich relevant. Im Zuge dieser Entwicklung erschien die Regelung des Urheberrechts, jede Vervielfältigung von der Zustimmung des Rechteinhabers[1] abhängig zu machen, in vielen Konstellationen als nicht sinnvoll. Aus diesem Grund entwickelten zahlreiche Akteure eine Vielzahl von Lizenzen, nach denen bestimmte Nutzungen erlaubt sein sollten, ohne dass konkrete Adressaten benannt werden.

Beispielgebend für die freien Lizenzen waren die Open-Source-Lizenzen (insbesondere GNU), die sicherstellten, dass der Quellcode einer Software frei zugänglich und frei nutzbar ist. Zunächst entwickelten sich Lizenzen für freie Inhalte daher auch als Ergänzung zu Open Source, wie etwa die Free Documentation Licence. Sie entstand mit dem Ziel, die zum Verständnis von Software notwendigen Dokumentationen rechtssicher nutzen zu können, etwa auch zu bearbeiten und zu erweitern. Im ersten Jahrzehnt des 21. Jahrhunderts entwickelten viele öffentliche und gemeinnützige Institutionen solche Lizenzen. Die meisten davon sind jedoch schon wieder in Vergessenheit geraten, wie beispielsweise die „Lizenz für die nicht kommerzielle Nutzung von Inhalten an Schulen und Hochschulen“. Der Nachteil dieser kaum bekannten Lizenzen ist, dass sie oft nur national galten und häufig ihre Wirksamkeit nicht gerichtlich überprüft wurde.

Inzwischen haben sich die Creative Commons (zu Deutsch etwa „kreative Gemeinschaftsgüter“) zu einem international akzeptierten Standard für freie Lizenzen entwickelt. Ihr Vorteil besteht gerade darin, dass sie international anerkannt werden. Sie sind so gestaltet, dass sie in ganz unterschiedlichen Rechtsordnungen Geltung beanspruchen können. Und diese Geltung ist inzwischen auch durch mannigfaltige gerichtliche Verfahren bestätigt. Damit Einrichtungen des kulturellen Erbes ihre Digitalisate über viele Länder, Verbünde und Organisationen hinweg rechtssicher verarbeiten und austauschen können – man spricht hier von Interoperabilität – ist es besonders wichtig, sich an einem gültigen und international anerkannten Standard zu orientieren.

1 Abweichend vom übrigen Text des Leitfadens wird in diesem und im nächsten Kapitel generell das auch in der deutschen Übersetzung der Creative-Commons-Lizenzen und in Gesetzestexten übliche generische Maskulinum verwendet. „Urheber“, „Rechteinhaber“ oder „Lizenzgeber“ kann also auch eine Frau oder nichtbinäre Person meinen.

Creative-Commons-Lizenzmodule

Die modular aufgebauten Creative Commons bieten sechs verschiedene Standard-Lizenzverträge. Sie legen die Bedingungen fest, nach denen alle die so gekennzeichneten kreativen Inhalte nutzen können. Für jede Lizenz gilt, dass man mit einem CC-lizenzierten Inhalt mehr machen darf, als es das Urheberrecht alleine erlaubt. Was genau mit CC-lizenzierten Werken gemacht werden darf, hängt vom jeweiligen Lizenztyp ab.

BY (Namensnennung)

Diese Lizenz erlaubt Dritten, ein Werk zu verbreiten, zu verändern und es mit anderen Werken zu kombinieren, auch kommerziell – solange sie den Urheber des Originals nennen. Diese Lizenz ermöglicht eine weite Verbreitung von Inhalten. Die Nutzungsfreiheiten erlauben es darüber hinaus, Werke unbeschränkt mit anderen Werken zu kombinieren.

Die CC BY-Lizenz ist praktisch die Basis-Lizenz für alle weiteren CC-Lizenzmodule und -Kombinationen. Keine CC-Lizenz kann ohne das BY-Modul angewendet werden, daher treffen die nachfolgend genannten Lizenzbedingungen auf alle CC-Lizenzmodule und Kombinationen zu (außer CC0 und Public Domain Mark, die als Freigaben eine Sonderrolle bei CC spielen).

Die obligaten Lizenzbedingungen von CC BY sind:

- Es muss der Urheber genannt werden, und zwar genau so, wie es der Lizenzgeber vorgibt. Urheber und zu nennende Dritte müssen so genannt werden, wie es der Lizenzgeber verlangt, sofern diese Form der Nennung angemessen ist.
- Sofern vom Lizenzgeber zur Verfügung gestellt, müssen Urheberrechtshinweise, ein Verweis auf die CC-Lizenz (vorzugsweise als Link auf die CC-Webseite), ein Verweis, der sich auf den Garantie- und Haftungsausschluss bezieht, und ein Link zur Originalquelle angegeben werden.
- Wird das Werk in einer veränderten Version geteilt, muss angegeben werden, dass es sich um eine geänderte Version handelt. Bereits enthaltene Änderungshinweise müssen (wenn das Werk schon zuvor modifiziert wurde) beibehalten werden.
- Soweit der Lizenzgeber dies fordert und es angemessen ist, sind die Nutzenden verpflichtet, die oben genannten Informationen über den Urheber zu entfernen.
- Der Lizenznehmer darf nicht den Eindruck erwecken, dass seine Nutzung vom Lizenzgeber oder einem Dritten, der Anspruch auf Namensnennung hat, in irgendeiner Weise unterstützt wird. Es muss die Lizenz genau bezeichnet werden, und zwar vorzugsweise durch einen Link auf den eigentlichen Lizenztext.

Diese Vorgaben erscheinen auf den ersten Blick sehr kompliziert, in der Praxis gibt es aber hilfreiche Werkzeuge, wie den Lizenzgenerator (Licence Chooser) oder den Lizenzhinweisgenerator (**lizenzhinweisgenerator.de**), die mit Hilfe von wenigen Angaben entsprechende Lizenzhinweise erzeugen.

Ein typischer und rechtlich korrekter Lizenzhinweis an einem CC BY-lizenzierten Werk könnte so aussehen:

> Foto: Maxi Mustermensch, ArchivX (www.archivx.org), CC BY 4.0 (**creativecommons.org/licenses/by/4.0**)

Bei Datenbanken für die Bestände von Kultureinrichtungen, in denen die Metadaten auch die CC-Lizenzhinweise enthalten, hilft der standardisierte Aufbau, diese Vorgaben einzuhalten.

Lizenzangaben müssen stets nur „in der dem Medium angemessenen Art und Weise" erfolgen. Das heißt beispielsweise für einen Film, dass nicht nach jedem CC-lizenzierten Werk der Film für einen Lizenzhinweis unterbrochen werden muss, sondern dass diese Hinweise im Abspann oder auf dem Cover einer Film-DVD erfolgen können. Auch bei verschiedenen Abbildungen in einem Buch wäre es zulässig, die Lizenzhinweise gesammelt in einem Bildnachweis am Ende des Buches abzudrucken.

SA (ShareAlike)

Die Lizenz CC BY-SA erlaubt Dritten, ein Werk zu verbreiten, es mit anderen Werken zu kombinieren und zu verändern, auch kommerziell, solange der Urheber genannt wird und die auf diesem Werk basierenden neuen Werke unter denselben Bedingungen lizenziert werden – also unter CC BY-SA oder einer kompatiblen Lizenz. Als kompatibel zu CC BY-SA wird allerdings bisher lediglich die relativ unbekannte Free-Art-Lizenz anerkannt (die aber nicht zu den Creative-Commons-Modulen gehört). Das ist wichtig, wenn man Ausschnitte aus zwei Werken so verbindet, dass ein neues Werk entsteht. Das kann dann nur verwendet werden, wenn beide zugrunde liegenden Werke unter einer CC BY-SA-Lizenz (oder Free-Art-Lizenz) stehen.

ShareAlike (SA) steht für das sogenannte „Copyleft-Prinzip". Alle abgeleiteten Werke, bei denen das so lizenzierte Werk verwendet wurde, sollen ebenfalls unter einer freien Lizenz stehen. Damit soll verhindert werden, dass durch Bearbeitungen und dem mit der Bearbeitung einhergehenden eigenständigen Bearbeiter-Urheberrecht ein neuer urheberrechtlicher Schutz entsteht, der eine weitere Nutzung verhindert.

NC (NonCommercial)

Diese Lizenz erlaubt Dritten, ein Werk zu verbreiten, zu verändern und es mit anderen Werken zu kombinieren, solange der Urheber des Originals genannt wird und die Nutzung nicht kommerziell erfolgt. Als kommerziell gelten Nutzungen dann, wenn sie vorrangig auf eine Vergütung oder einen geldwerten Vorteil gerichtet sind.

Die Definition von kommerziell ist in den Erläuterungen der Creative Commons Foundation (bewusst) vage gehalten. In der Praxis führt dies zu Unsicherheiten und einem großen Graubereich, in dem die Nutzung häufig unterbleibt. So könnte man – nach strenger Lesart – argumentieren, dass bereits Bannerwerbung einen Blog kommerziell mache. Auch wenn diese Wertung zweifelhaft ist, führt die Unsicherheit dazu, dass viele von der Nutzung NC-lizenzierter Inhalte absehen. Auf Wikipedia und Wikimedia Commons können NC-lizenzierte Inhalte ebenfalls nicht verwendet werden. Das NC-Modul von Creative Commons wird oft intuitiv gewählt.

In Deutschland gibt es noch keine bundesgerichtliche Entscheidung darüber, wie die Beschreibung „kommerziell" bei Lizenzen zu verstehen ist. Das Kölner Landgericht hatte in einer viel beachteten Entscheidung den Deutschlandfunk als kommerziell eingeordnet. Die Berufungsinstanz, das Oberlandesgericht in Köln, hielt daran aber nicht fest. Es hat nicht nur den Deutschlandfunk als nicht kommerziell eingestuft, sondern ganz generell entschieden, dass im Zweifel von einer nicht kommerziellen Nutzung auszugehen ist. Das begründete das Gericht damit, dass die Creative-Commons-Lizenzen als allgemeine Geschäftsbedingungen gewertet werden müssen. Für allgemeine Geschäftsbedingungen aber gilt, dass Unklarheiten zu Lasten desjenigen gehen, der sie aufgestellt hat, in diesem Fall also der Lizenzgeber. Wenn demnach unklar ist, ob der Lizenzgeber gegen eine Nutzung mit dem Argument vorgehen darf, diese sei kommerziell, dann muss diese Unklarheit gegen ihn ausgelegt werden. Und das heißt, dass die Nutzung als nicht kommerziell gilt.

Oft wird das NC-Modul von Creative Commons intuitiv gewählt – gerade auch von Kultureinrichtungen. Denn diese sehen sich als eine Sphäre jenseits wirtschaftlicher Verwertungsinteressen und wollen unter Umständen auch einer weiteren Kommerzialisierung der Kultur vorbeugen. Dabei übersehen sie oft die weitreichenden Folgen, die solche Bedingungen haben und die keineswegs beabsichtigt werden.

Denn Kunst und Kultur und auch das Bewusstsein für unser kulturelles Erbe werden nicht (nur) durch staatlich oder spendenfinanzierte, gemeinnützige Institutionen gefördert. Im Gegenteil, die gesamte Kulturwirtschaft gehorcht einer kommerziellen Verwertungslogik.

Durch die Beschränkung auf nichtkommerzielle Nutzungen kommt es auch zu einer problematischen Privilegierung staatlicher oder staatlich finanzierter Einrichtungen. Kultur sollte in einem demokratischen Rechtsstaat aber nicht (nur) in öffentlichen Einrichtungen und damit quasi unter staatlicher Aufsicht stattfinden, sondern auch außerhalb der direkten Einflusssphäre des Staates. Außerhalb dieser durch öffentliche Finanzierung bewirkten Einflusssphäre des Staates sind

Institutionen und Organisationen, sofern sie nicht durch Spenden finanziert werden, auf Einnahmen angewiesen.

Die Möglichkeit der Erzielung von Einnahmen ist ein wichtiger Motor für die Verbreitung von Kultur. Werden Digitalisate von anderen, kommerziellen Anbietern verbreitet, so erspart das (Vertriebs-)Kosten der Kulturerbe-Einrichtungen. Sofern Dritte weitere Verbreitungswege eröffnen, entstehen dafür auch keine Kosten. Ob und inwieweit Dritte finanziell von der Verbreitung der Materialien profitieren, ist dabei ohne Bedeutung, da diese Erlöse ja nicht zulasten der Kulturerbe-Einrichtungen gehen.

Darüber hinaus kann eine Verbreitung der Digitalisate durch kommerzielle Nutzung auch Zielgruppen erreichen, die sonst durch die Kulturerbe-Einrichtungen nicht oder nur mit erheblichem Aufwand erreicht werden können. Dazu gehören beispielsweise solche Milieus, die von Bilderplattformen, Blogs oder YouTube-Channels erreicht werden, durch die traditionellen Vertriebswege der Kulturerbe-Einrichtungen aber nicht.

ND (NoDerivatives)

Die Lizenzbestimmung NoDerivatives (ND), zu Deutsch „Keine Bearbeitungen“, verbietet die Veröffentlichung von so lizenzierten Werken, wenn sie bearbeitet worden sind. Die Bearbeitung als solche kann rechtlich nicht verhindert werden, die Veröffentlichung und Verbreitung veränderter Werke bedarf aber (auch) einer Erlaubnis durch den Rechteinhaber des ursprünglichen Werkes. Daran fehlt es, wenn eine Lizenz mit dem Modul ND verwendet wird.

Als Bearbeitung im rechtlichen Sinn gilt die Nutzung von Bildausschnitten ebenso wie die Veränderung von Farben oder auch das Zusammenfügen von Film und Musik bei der Vertonung von Videosequenzen.

Gerade in Kulturerbe-Einrichtungen gibt es ein starkes Bewusstsein für den Wert der Authentizität von kulturellen Werken, oft verbunden mit einer Abneigung gegen Bearbeitungen, die im Zuge kommerzieller Verwertungen vorgenommen werden, wie beispielsweise der Nutzung von Motiven auf Taschen oder Tassen oder auch Veränderungen, die ikonografische Werke der Kunstgeschichte mit modernen Motiven verbinden. Daher kommt es vor, dass Kulturerbe-Einrichtungen, die sich den Künstlern und der Authentizität ihrer Werke verpflichtet fühlen, diese Lizenzvariante für geboten halten.

Auf der anderen Seite ist eine Bearbeitung oft mit einer vertieften Auseinandersetzung mit den jeweiligen Materialien verbunden. Dies gilt insbesondere im Bildungskontext, weshalb die Erlaubnis zur Veröffentlichung von Bearbeitungen insofern konstitutiver Grundgehalt des Konzepts freier Bildungsmaterialien (OER) ist.

Ein Verbot der Veröffentlichung von Bearbeitungen würde auch zahlreiche gewünschte Nutzungen unmöglich machen. Auch die kuratorische Aufbereitung von Materialien ist häufig mit der Erstellung von Ausschnitten oder anderen Eingriffen verbunden, die rechtlich als Bearbeitung zu sehen sind.

Hinzu kommen mögliche Kooperationen mit kommerziellen Anbietern, die eine Adaption von Motiven aus den Institutionen in einer Weise notwendig machen, die ebenfalls als Bearbeitung gelten. So verständlich Vorbehalte gegen die Kommerzialisierung von Kunstwerken in Andenkenkitsch auch ist: Die Nutzung der Motive bewirkt eben auch, dass diese weiter in die Gesellschaft wirken und vermehrt Aufmerksamkeit erlangen.

Innovative Projekte und auch Geschäftsideen sind ebenfalls zumeist darauf angewiesen, Materialien bearbeiten zu können. Angesichts der Zielrichtung des Förderprojektes, Innovationen zu fördern, wäre die Nutzung einer innovationshinderlichen Lizenzbestimmung kontraproduktiv.

Eine andere Befürchtung ist der Missbrauch von bearbeiteten Motiven durch extremistische Gruppen. Allerdings erscheint zweifelhaft, ob solcher Missbrauch mithilfe von Lizenzen verhindert werden kann. Wer extremistisch agieren will, den wird die Lizenzwidrigkeit dieses Handelns wohl kaum davon abhalten. Hier bleibt zudem das Entstellungsverbot, das auch greifen kann, wenn Werke in extremistischem Kontext genutzt werden – Urheber können also durchaus gegen eine Vereinnahmung durch extremistische Gruppen vorgehen, auch wenn sie Bearbeitungsrechte eingeräumt haben.

Im Ergebnis würde die Beschränkung auf eine Nutzung ohne Veränderung viele sinnvolle Einsatzmöglichkeiten ausschließen, während die Gefahr des Missbrauchs nicht besteht oder zumindest sehr gering ist und im Übrigen dort, wo sie besteht, die Lizenz weder das einzige noch das sinnvollste Mittel für eine wirksame Bekämpfung ist.

Eine Restriktion der Nutzung durch die Lizenzbestimmungen ist zudem nur dann sinnvoll, wenn gegen Verstöße auch vorgegangen wird. Eine Infrastruktur, die die Verletzung von Lizenzbestimmungen verfolgt, besteht jedoch bei den meisten Kulturerbe-Einrichtungen nicht.

	Namensnennung (CC BY)	Das Werk darf sowohl für nicht-kommerzielle als auch für kommerzielle Zwecke verbreitet und verändert werden, sofern der Urheber des Originals genannt wird. Die neue Version muss nicht unter denselben Bedingungen lizenziert werden.
	Namensnennung – Weitergabe unter gleichen Bedingungen (CC BY-SA)	Das Werk darf sowohl für nicht-kommerzielle als auch für kommerzielle Zwecke verbreitet und verändert werden, sofern der Urheber des Originals genannt wird und die veränderte Version dieselbe Lizenz besitzt wie das Original.

(BY) (ND)	Namensnennung – Keine Bearbeitung (CC BY-ND)	Das Werk darf sowohl für nicht-kommerzielle als auch für kommerzielle Zwecke verbreitet werden, sofern der Urheber des Originals und dieses nicht verändert werden.
(BY) (NC)	Namensnennung – Nicht-kommerziell (CC BY-NC)	Das Werk darf ausschließlich für nicht-kommerzielle Zwecke verbreitet und verändert werden, sofern der Urheber des Originals genannt wird. Die neue Version muss nicht unter denselben Bedingungen lizenziert werden.
(BY) (NC) (SA)	Namensnennung – Nicht-kommerziell – Weitergabe unter gleichen Bedingungen (CC BY-NC-SA)	Das Werk darf ausschließlich für nicht-kommerzielle Zwecke verbreitet und verändert werden, sofern der Urheber des Originals genannt wird und die veränderte Version dieselbe Lizenz besitzt wie das Original.
(BY) (NC) (ND)	Namensnennung – Nicht-kommerziell – Keine Bearbeitung (CC BY-NC-ND)	Das Werk darf ausschließlich für nicht kommerzielle Zwecke verbreitet werden, sofern der Urheber des Originals genannt wird. Das Werk darf dabei nicht verändert werden.

Freie Lizenzen

CC BY und CC BY-SA (sowie die Freigabeerklärung CC0) gelten als „freie Lizenzen" im engeren Sinn. In einer von der Open Knowledge Foundation veröffentlichten Definition heißt es: „Wissen ist offen, wenn jeder darauf frei zugreifen, es nutzen, verändern und teilen kann – eingeschränkt höchstens durch Maßnahmen, die Ursprung und Offenheit des Wissens bewahren." Nur Lizenzen, die bewirken, dass Inhalte in diesem Sinne „offen" sind, sind danach freie Lizenzen. Einige wichtige, dem freien Wissen verpflichtete Initiativen, wie etwa die freie Online-Enzyklopädie Wikipedia, akzeptieren nur Inhalte, die in diesem Sinn frei lizenziert sind. Die DFG empfiehlt ebenfalls die Nutzung freier Lizenzen und macht dies auch zur Voraussetzung für Förderungen. Auch als freie Bildungsmaterialien (Open Educational Resources, OER) gelten gemeinhin nur Inhalte mit freien Lizenzen.

Auch wenn die *Open Access Policy* die Nutzung von freien Lizenzen als Ziel formuliert, haben die anderen Lizenzen gleichwohl ebenfalls Bedeutung. Denn auch sie erweitern die Möglichkeit der Nutzung. In Umsetzung des Grundsatzes „so frei wie möglich" gibt es Konstellationen, in denen zwar keine Vergabe von freien Lizenzen möglich ist, wohl aber die Vergabe von Lizenzen, die eine weitergehende Nutzung ermöglichen als dies ohne Lizenz möglich wäre.

Geometrische Schönheit: Luftaufnahme des Barockgartens von Schloss Weilburg – Staatliche Schlösser und Gärten Hessen / Foto: Michael Leukel, 2020,

Lizenzversionen

Seit Gründung der Creative Commons (CC) Initiative und der Formulierung der ersten Lizenzen in 2001 hat sich das Urheberrecht bis heute und überall auf der Welt weiterentwickelt. Hinzu kommt, dass in der praktischen Anwendung der CC-Lizenzen einige Fragen und Probleme aufgetaucht sind. Die CC-Lizenzen wurden daher laufend weiterentwickelt, geändert und modernisiert. Inzwischen gibt es vier Versionen der CC-Lizenzen, die neueste, 2013 erschienene Version ist 4.0.

Im Laufe der Weiterentwicklung der CC-Lizenzen stellte sich den Beteiligten die Frage, ob die Lizenztexte lediglich in eine andere Sprache übersetzt würden, etwa ins Deutsche, oder die einzelnen Aspekte auch an das länderspezifische, in unserem Fall deutsche Urheberrecht angepasst würden. Auch wenn die Initiatoren die CC-Lizenzen ursprünglich vom US-amerikanischen Urheberrecht ausgehend entwickelten, beabsichtigten sie von Beginn an, dass sie auch international einsetzt werden können. Um jedoch zu erreichen, dass die CC-Lizenzen in den verschiedenen Rechtsordnungen verlässlich gelten, verfolgten die Beteiligten zunächst die Strategie, sie an die unterschiedlichen Rechtsordnungen anzupassen. Dieses „Portieren" beschränkt sich nicht nur auf eine Übersetzung des Lizenztextes, sondern umfasst auch dessen sprachliche und rechtliche Anpassung an die jeweilige rechtliche Sprache und die landesspezifischen gesetzlichen Bestimmungen. Die Version 3.0 der CC-Lizenzen wurde in über 60 Rechtsordnungen portiert.

Inzwischen verfolgt die international ausgerichtete Creative Commons Initiative einen anderen Ansatz. Die aktuelle Version 4.0 konzipierte sie von Anfang an so, dass eine Portierung überflüssig ist. Zu dieser Version heißt es von der Creative Commons Foundation: „Dies ist die modernste Version unserer Lizenzen, die nach eingehenden Beratungen mit unserem globalen Mitgliedernetzwerk entwickelt und so formuliert wurde, dass sie international gültig ist."

Die verschiedenen Versionen – von 1.0 bis 4.0 – sowie die portierten beziehungsweise angepassten CC-Lizenzen unterscheiden sich zwar nur in Details. Gleichwohl ist beim Verwenden CC-lizenzierter Werke zu beachten, dass jeweils nur die Version gilt, die der Rechteinhaber ausgewählt hat. Anders gesagt, ist es nicht etwa so, dass automatisch die jeweils neueste Version einer CC-Lizenz gelten würde. Denn bei CC-Lizenzen handelt es sich nicht um Gesetze, deren Geltung eine staatliche Autorität festlegt, sondern um privatrechtliche Vereinbarungen. Diese Vereinbarungen verlieren nicht dadurch ihre Gültigkeit, dass die Creative Commons Foundation zukünftig geltende Neufassungen beschließt. Wer sich dieser Vereinbarungen bedient, muss demnach entscheiden, auf welche Version er sich dabei bezieht.

Insofern ist es besonders wichtig noch einmal festzuhalten, dass die älteren und neueren Versionen der CC-Lizenzen nicht identisch sind und die älteren Versionen (beispielsweise 2.0) nicht automatisch an neuere Versionen (etwa 4.0) angepasst wurden. Das heißt: Wenn bei CC-lizenzierten Werken die angewendete Lizenz nachträglich geändert werden soll – ob nun in eine neuere CC-Lizenzversion oder in einen anderen Lizenztyp – müssen damit alle Rechteinhaber einverstanden sein.

Von diesem Verbot der nachträglichen Änderungen sind in bestimmten Konstellationen CC-Lizenzen ausgenommen, die die Weitergabe unter gleichen Bedingungen verlangen (was die Attribution „ShareAlike", kurz: SA vorschreibt). In diesem Fall darf der Bearbeiter für das von ihm abgewandelte Werk nicht nur die ursprüngliche, sondern auch eine kompatible CC-Lizenz verwenden. Er kann also das abgewandelte Werk unter einer neueren Version derselben CC-Lizenz veröffentlichen, obwohl es weiterhin auch das ursprüngliche Werk beinhaltet. Die neue, einheitliche Lizenz gilt aber nur für das abgewandelte Werk, nicht etwa auch für das ursprüngliche.

Es wäre daher unzulässig, auf die genaue Kennzeichnung der Version beziehungsweise des Hinweises, ob es sich um eine portierte CC-Lizenz handelt oder nicht, zu verzichten. Unzulässig ist auch, eine einmal erteilte CC-Lizenz umzudeuten, etwa eigenmächtig aus einer CC BY-SA 2.0 portierten CC-Lizenz eine CC BY-SA 4.0 zu machen. Bei der Übernahme von Lizenzangaben durch Dritte, insbesondere durch Portale, ist darauf zu achten, dass die jeweiligen Lizenzangaben korrekt übernommen werden.

Kultur- und Wissensinstitutionen sollten sich nicht vorschnell gegenüber einem Dritten vertraglich verpflichten, nur eine bestimmte Version von CC-Lizenzen zur Rechtekennzeichnung digitaler Inhalte zu verwenden, da sie dann möglicherweise nicht alle frei lizenzierten digitalen Inhalte liefern könnten, sondern nur solche, welche der bestimmten, vertraglich vereinbarten Version der CC-Lizenz entsprechen. In diesem Fall empfiehlt sich, mit dem Dritten eine individuelle, auf die Besonderheiten der jeweiligen Rechtekennzeichnung abgestimmte vertragliche Vereinbarung abzuschließen. Auch wenn Kultur- und Wissensinstitutionen die digitalen Inhalte nicht selbst lizenziert haben, sondern bereits lizenzierte digitale Inhalte übernehmen, sind sie an diese CC-Lizenz gebunden. Hier ist eine Änderung der jeweiligen Version der CC-Lizenz nur durch den ursprünglichen Lizenzgeber beziehungsweise Rechteinhaber möglich. Das wird nicht ohne weiteres zu erreichen sein.

Freigabeerklärung und Public Domain Mark

Neben den Lizenzen bietet Creative Commons noch zwei weitere Instrumente an: Die Freigabeerklärung CC0 und die Public Domain Mark.

CC0

Mit dem Freigabeinstrument CC0 lässt sich bewirken, dass ein urheberrechtlich geschütztes Werk so behandelt werden kann, als wäre es gemeinfrei. Im Englischen wird dies als „Waiver" (Verzichtserklärung) bezeichnet.

CC0 ist keine Lizenz im klassischen Sinne, sondern die endgültige Erklärung gegenüber der ganzen Welt, dass auf sämtliche Rechte am betreffenden Inhalt verzichtet wird. Allerdings kennt das deutsche Urheberrecht den willentlichen vollständigen Verzicht auf die eigene Rechtsposition zumindest für Urheber nicht. Allenfalls Leistungsschutzberechtigte können durch eine Erklärung ihre Rechte zum Erlöschen bringen. Um weltweit und damit auch unter Rechtsordnungen wie der deutschen einsetzbar zu sein, enthält CC0 daher eine sogenannte „Fallback License", was mit Rückfalllizenz oder Ersatzlizenz zu übersetzen wäre. Sie greift immer dann, wenn der völlige Verzicht von Rechten gesetzlich nicht möglich ist, wie in Deutschland für Urheberrechte. Dann lizenziert CC0 stattdessen unwiderruflich alle erdenklichen Nutzungen für alle Länder der Erde bis zum Ende der urheberrechtlichen Schutzfrist des mit CC0 versehenen Werkes, und das ohne jegliche Bedingungen. Man kann sich diese in CC0 enthaltene Lizenz also wie eine bedingungslose CC-Lizenz vorstellen. Dadurch soll trotz Unverzichtbarkeit bestimmter Rechte dennoch ein rechtlicher Status der betreffenden Inhalte erreicht werden, der dem der Gemeinfreiheit so nahe wie möglich kommt. Darüber hinaus enthält CC0 den Verzicht darauf, Rechte geltend zu machen.

CC0-lizenzierte Inhalte können also auch nach deutschem Recht faktisch ohne Einschränkung genutzt werden, wobei das bislang allerdings noch in keiner höchstrichterlichen Entscheidung eines deutschen Gerichts so bestätigt wurde. Es spricht jedoch alles dafür, dass mittels CC0 das Maximum an Freigabe erreicht wird, das nach deutschem Recht möglich ist.

Insbesondere wird durch CC0 auch darauf verzichtet, dass der Name des Urhebers genannt wird, was bei allen anderen sechs CC-Lizenzen als Mindestbedingung gefordert ist. Die Pflicht zur Namensnennung führt dazu, dass die gewährten Nutzungsrechte bei Nichtbeachtung komplett wegfallen und die Nutzung des Werkes somit unzulässig ist – mit allen Folgen, die eine urheberrechtswidrige Nutzung hat, wie zum Beispiel einer Pflicht zum Schadensersatz gegenüber dem Rechteinhaber und Lizenzgeber. Nach einer Totalfreigabe mittels CC0 sind derlei Risiken dagegen so weit wie gesetzlich möglich beseitigt.

Wenn es möglich ist, Inhalte unter CC0 freizugeben, ist das eine hervorragende Möglichkeit, die Nutzung urheberrechtlich geschützten Materials zu sichern und die Risiken für die Nutzenden zu minimieren.

Public Domain Mark

Mit der Public Domain Mark (PDM) können Materialien markiert werden, für die keine urheberrechtlichen Beschränkungen bestehen. Damit wird deutlich, dass solche Materialien gemeinfrei sind. Angesichts der großen Unsicherheiten darüber, ob beispielsweise ein Urheber schon so lange tot ist, dass die Schutzfristen abgelaufen sind, ist eine solche Markierung sehr sinnvoll, um eine Nutzbarkeit gemeinfreier Materialien zu ermöglichen.

Die PDM ist gedacht für alte Werke, für die durch Zeitablauf nirgendwo auf der Welt mehr Schutzrechte bestehen oder die zuvor von ihrem Rechteinhaber ausdrücklich in die weltweite Public Domain entlassen worden sind. Sie sollte nicht verwendet werden, wenn das betreffende Werk nur unter manchen Rechtsordnungen zur Public Domain gehört, in anderen dagegen noch geschützt ist. Derzeit empfiehlt Creative Commons es nicht, die PDM für Werke beziehungsweise Inhalte mit weltweit unterschiedlichem urheberrechtlichen Status zu verwenden. Die international verbindliche Schutzfrist für urheberrechtlichen Schutz von Werken besteht lediglich 50 Jahre, in Europa gelten dagegen 70 Jahre.

Datenlizenz Deutschland

In Deutschland führten die Bestrebungen nach „Open Government" zu GovData, einem Datenportal, um Verwaltungsdaten transparent, offen und frei nutzbar zu machen. Öffentliche Stellen in Bund, Ländern und Kommunen machen dort Daten zugänglich, um es insbesondere Verwaltungsmitarbeitern, Bürgern, Unternehmen und Wissenschaftlern zu ermöglichen, Daten und Informationen der öffentlichen Verwaltung in Deutschland über einen zentralen Einstiegspunkt und ebenenübergreifend nutzen zu können.

Anlässlich der Entwicklung dieses Datenportals entwickelten Bund, Länder und kommunale Spitzenverbände gemeinsam eine Empfehlung für einheitliche Nutzungsbestimmungen für Verwaltungsdaten in Deutschland, die als „Datenlizenz Deutschland" mittlerweile in Version 2.0 vorliegt.

Die „Datenlizenz Deutschland" gibt es in der aktuellen Version in zwei Varianten: Die Variante „Namensnennung" verpflichtet den Datennutzer, den jeweiligen Datenbereitsteller zu nennen. Die Variante „Zero" ermöglicht eine uneingeschränkte Weiterverwendung.

Inhaltlich entspricht die Datenlizenz Deutschland in der Version „Namensnennung" weitgehend der Creative-Commons-Lizenz BY (Namensnennung) sowie in der Variante „Zero" weitgehend der Creative-Commons-Freigabeerklärung CC0. Der Nachteil der Datenlizenz Deutschland ist jedoch, dass sie nur auf die deutsche Rechtsordnung zugeschnitten ist. Für kulturelles Erbe, dessen Nutzung weit über die Grenzen Deutschlands hinaus geregelt werden sollte, ist die Datenlizenz Deutschland deshalb nicht zu empfehlen. Sie verhindert auch die Interoperabilität von entsprechenden Verzeichnissen über die Landesgrenzen hinaus.

Bedeutung freier Lizenzen bei der Digitalisierung von Kulturgut

Für die Digitalisierung des kulturellen Erbes haben freie Lizenzen in doppelter Hinsicht Bedeutung. Zum einen können Werke freigegeben werden, deren urheberrechtliche Nutzungsrechte bei den Kulturerbe-Einrichtungen liegen. Zum anderen können Rechte freigegeben werden, die infolge der Digitalisierung des kulturellen Erbes bei den Kulturerbe-Einrichtungen entstehen. Deshalb sind die Creative-Commons-Lizenzen auch fester Bestandteil des „Lizenzkorbs der Deutschen Digitalen Bibliothek", also jenes Standards für Rechteauszeichungen, der für die Einbeziehung von Werken in die DDB als zentralem nationalen Portal für das kulturelle Erbe entscheidend ist. Für eine Veröffentlichung in der Wikipedia, Wikimedia Commons oder damit verbundener Projekte ist sogar zwingend, dass urheberrechtlich geschützte Werke mittels CC BY oder CC BY-SA frei lizenziert werden bzw. mittels CC0 die Rechte freigegeben werden.

Bei Werken, an denen ein Museum, ein Archiv oder eine Bibliothek selbst Nutzungsrechte erworben hat, sei es durch eigene Handlungen (zum Beispiel, weil Beschäftigte Texte schreiben) oder durch die weitgehende Übertragung von Nutzungsrechten (etwa durch Erben), sollte im Vordergrund stehen, die Nutzung zu ermöglichen. Kulturerbe-Einrichtungen sind zumeist öffentlich finanziert, sie haben die Aufgabe, kulturelles Erbe für die Gesellschaft zu bewahren, aber auch zu ermöglichen, dass die Gesellschaft dieses Erbe nutzt und zu neuem Leben erweckt. Das geschieht am besten dadurch, dass das Archiv oder die Bibliothek die Werke unter einer freien Lizenz zur Verfügung stellt.

Um ein Werk unter eine CC-Lizenz zu stellen, muss eine Kultureinrichtung über ausreichende Nutzungsrechte verfügen, sie wird damit zur Lizenzgeberin. Am einfachsten ist das, wenn sie ausschließliche oder übertragbare Rechte an dem Inhalt hat, weil ihr zum Beispiel ein Sammlungsgeber umfassende Rechte übertragen hat und sie die Sammlung anschließend selbst digitalisierte. Es ist aber nicht immer ganz einfach festzustellen, ob alle Rechte vorhanden sind: Wenn die Urheber unbekannt oder die Erben nicht aufzufinden sind, kann dies die Freigabe verhindern.

Sind alle Rechte geklärt, kann das Archiv die Inhalte unter einer CC-Lizenz freigeben. Das geht am einfachsten über den Lizenzgenerator (Licence Chooser creativecommons.org/choose), der einem per Klick die verschiedenen Optionen und die genauen Angaben zur Verfügung stellt, die man dem Werk beigeben muss. Anschließend nennt man bei Veröffentlichung die entsprechende Lizenz mit Namen des Urhebers unter oder neben dem Digitalisat.

Auch eine Urheberin oder ein Sammlungsgeber können die Inhalte – bevor diese an das Archiv oder die Bibliothek gehen – unter einer Creative-Commons-Lizenz freigeben. Selbst wenn dies nicht rechtlich zwingend ist, so ist es doch sinnvoll, dies in einem entsprechenden Vertrag festzuhalten, den das Museum, das Archiv oder die Bibliothek gegebenenfalls archivieren sollte.

Scanarbeit in der Digitalisierungswerkstatt der Universitätsbibliothek Marburg –
Foto: Heike Heuser/ Universitätsbibliothek Marburg, CC0 1.0

Nicht verfügbare und verwaiste Werke

4. Die Kulturerbe-Einrichtungen nutzen die seit der Urheberrechtsnovelle 2021 erweiterten rechtlichen Möglichkeiten zur **Online-Stellung nicht verfügbarer Werke** (vormals vergriffener Werke) sowie verwaister Werke.

Die erst seit Juli 2021 geltenden Regelungen zu „nicht verfügbaren Werken" (§§ 61d ff UrhG, §§ 52b FF VGG) ermöglichen es, urheberrechtliche geschützte Werke, die „der Allgemeinheit auf keinem üblichen Vertriebsweg in einer vollständigen Fassung angeboten werden", online zugänglich zu machen.

Neue zentrale Norm für die Zugänglichkeit von Beständen im Internet

Da insbesondere Archive und Museen nahezu ausschließlich Werke in ihren Beständen haben, die man nicht (mehr) „im Laden kaufen" oder sonst über einfache Vertriebswege erhalten kann und sich auch in Bibliotheken viele ältere Bücher und Zeitschriften befinden, bei denen dies so ist, wird durch diese Neuregelung die weitgehende Onlinestellung der (urheberrechtlich geschützten) Bestände ermöglicht. Dies wird zukünftig eine zentrale Norm für die Online-Aktivitäten von Kulturerbe-Einrichtungen werden. Doch so weitreichend die Grundentscheidung des Gesetzgebers auch ist, bei der Umsetzung in die Praxis sind noch viele Fragen offen.

Geschichte einer Idee und Vorläufer

Bereits seit 2018 war es Kulturerbe-Einrichtungen in Deutschland möglich, „vergriffene Werke" zu nutzen. Grundlage dafür war eine Regelung des Gesetzes über die Verwertungsgesellschaften (VGG), welche ihnen erlaubte, dafür Lizenzen zu vergeben. Die Deutsche Nationalbibliothek (DNB) hatte daraufhin in Zusammenarbeit mit den Verwertungsgesellschaften, insbesondere der VG Wort, einen Lizenzierungsservice aufgebaut, bei dem sich Monografien, die vor 1965 in Deutschland erschienen sind, lizenzieren ließen.

Die Idee, vergriffene Werke über Verwertungsgesellschaften zu lizenzieren, hat auch die Europäische Gesetzgebung aufgegriffen. Allerdings gehen die Vorgaben der DSM-Richtlinie wie auch die Neuregelung im Urhebergesetz weit über das hinaus, was nach der alten Regelung zulässig war. Zum einen bezieht sich die Neuregelung auf alle Werkarten, ist also nicht nur auf publizierte Sprachwerke (Bücher,

Zeitschriften) beschränkt. Zum anderen gibt es grundsätzlich keine zeitliche Begrenzung mehr, d.h. auch jüngere Werke können unter diese Regelung fallen.

Auch soll die Nutzung nicht mehr davon abhängen, dass es Verwertungsgesellschaften gibt, mit denen man entsprechende Lizenzvereinbarungen schließen kann. Gibt es keine solche Verwertungsgesellschaft, bedarf es auch keiner Lizenz, die Kulturerbe-Einrichtung darf das Werk aufgrund einer gesetzlichen Erlaubnis zugänglich machen.

Mit der Richtlinie sollte nicht nur die Online-Stellung von solchen Werken ermöglicht werden, die früher kommerziell verwertet wurden, aber heute nicht mehr im Handel verfügbar sind. Im Erwägungsgrunds 30 der Richtlinie heißt es ausdrücklich, die Regelung solle auch für solche Werke gelten, die „ursprünglich nicht für gewerbliche Zwecke gedacht waren oder niemals gewerblich genutzt wurden". Der Anwendungsbereich ist also auch von der Gesetzgebung sehr weit verstanden worden. In Erwägungsgrund 37 werden beispielhaft „Plakate, Faltblätter, Schützengrabenzeitungen oder von Laien geschaffene audiovisuelle Werke, aber auch unveröffentlichte Werke oder sonstige Schutzgegenstände" aufgeführt. Insofern ist die in der Richtlinie gebrauchte Bezeichnung als „Out-of-Commerce Works" auch unglücklich gewählt.

Neuregelung in Deutschland

Die deutsche Gesetzgebung hat dem sehr weiten Verständnis von „Out-of-Commerce Works" Rechnung getragen, indem sie diese Werke im Urheberrecht als „nicht verfügbare" bezeichnet. Die bisher auch im rechtspolitischen Diskurs verwendete Bezeichnung der „vergriffenen Werke" wurde fallen gelassen, obwohl dies eine wörtlichere Übersetzung der Richtlinie gewesen wäre. Die Regelung im Urheberrecht unterscheidet – wie bereits zuvor die Richtlinie – zwischen Werken, für die es eine repräsentative Verwertungsgesellschaft gibt und solchen, wo dies nicht der Fall ist.

Urheberrechtsgesetz

§ 61d Nicht verfügbare Werke

(1) Kulturerbe-Einrichtungen (§ 60d) dürfen nicht verfügbare Werke (§ 52b des Verwertungsgesellschaftengesetzes) aus ihrem Bestand vervielfältigen oder vervielfältigen lassen sowie der Öffentlichkeit zugänglich machen. Dies gilt nur, wenn keine Verwertungsgesellschaft besteht, die diese Rechte für die jeweiligen Arten von Werken wahrnimmt und insoweit repräsentativ (§ 51b des Verwertungsgesellschaftengesetzes) ist. Nutzungen nach Satz 1

sind nur zu nicht kommerziellen Zwecken zulässig. Die öffentliche Zugänglichmachung ist nur auf nicht kommerziellen Internetseiten erlaubt.
(2) Der Rechtsinhaber kann der Nutzung nach Absatz 1 jederzeit gegenüber dem Amt der Europäischen Union für geistiges Eigentum widersprechen.
(3) Die Kulturerbe-Einrichtung informiert während der gesamten Nutzungsdauer im Online-Portal des Amtes der Europäischen Union für geistiges Eigentum über die betreffenden Werke, deren Nutzung und das Recht zum Widerspruch. Die öffentliche Zugänglichmachung darf erst erfolgen, wenn der Rechtsinhaber der Nutzung innerhalb von sechs Monaten seit Beginn der Bekanntgabe der Informationen nach Satz 1 nicht widersprochen hat.
(4) Die Nutzung nach Absatz 1 in Mitgliedstaaten der Europäischen Union und Vertragsstaaten des Abkommens über den Europäischen Wirtschaftsraum gilt als nur in dem Mitgliedstaat oder Vertragsstaat erfolgt, in dem die Kulturerbe-Einrichtung ihren Sitz hat. Absatz 1 ist nicht auf Werkreihen anzuwenden, die überwiegend Werke aus Drittstaaten (§ 52c des Verwertungsgesellschaftengesetzes) enthalten.

Sofern repräsentative Verwertungsgesellschaften bestehen, müssen mit diesen Lizenzvereinbarungen über die Nutzung der nicht verfügbaren Werke geschlossen werden. Dies gilt auch für die Werke von Rechteinhabern, die selbst gar nicht in einer Verwertungsgesellschaft organisiert sind, sofern die Verwertungsgesellschaft insgesamt für diese Art der Werke repräsentativ ist.

Gänzlich neu ist, dass die Nutzung von nicht verfügbaren Werken durch Kulturerbe-Einrichtungen auch dann zulässig ist, wenn es dafür keine repräsentativen Verwertungsgesellschaften gibt. Dann erfolgt die Nutzung auf der Grundlage einer gesetzlichen Erlaubnis sogar unentgeltlich.

Registrieren und sechs Monate warten

Gemeinsam ist sowohl der Nutzung von nicht verfügbaren Werken auf der Grundlage einer Lizenz durch eine repräsentative Verwertungsgesellschaft als auch von nicht verfügbaren Werken, für die es keine repräsentative Verwertungsgesellschaft gibt und die aufgrund der gesetzlichen Erlaubnis genutzt werden, dass diese Nutzung sechs Monate vorher in einem beim Europäischen Amt für Geistiges Eigentum geführten Portal für vergriffene Werke anzuzeigen ist (Achtung, das Portal verwendet den Begriff der „vergriffenen Werke“, als Übersetzung aus dem Englischen – es gibt aber keine inhaltliche Differenz zu den Werken, die im Urhebergesetz als „nicht verfügbar“ bezeichnet werden). Damit soll sichergestellt werden, dass ein Rechteinhaber bereits im Vorfeld der Online-Stellung eines Werkes durch Kulturerbe-Einrichtungen widersprechen kann. Es soll damit gewährleistet werden, dass keine Nutzung gegen den Willen der Rechteinhaber erfolgt. Auch nach Online-Stellung können Rechteinhaber noch jederzeit widersprechen, das auf dem Portal geführte Register enthält die notwendigen Informationen, damit dieser Widerspruch auch erfolgreich ist. Hingegen soll das bisher vom Deutschen Patent- und Markenamt geführte Register für vergriffene Werke nach einer Übergangszeit am 31.12.2025 geschlossen werden, § 141 Abs. 6 VGG.

Die sechsmonatige Frist, die ein nicht verfügbares Werk beim Europäischen Amt für geistiges Eigentum registriert sein muss, bevor es eine Kulturerbe-Einrichtung online stellen kann, ist zukünftig auch bei der Konzeption von Digitalisierungsprojekten zu berücksichtigen. Die sechsmonatige Frist kann dazu führen, dass die eigentliche Online-Stellung erst nach Projektende zulässig ist. Dann erscheint es sinnvoll, die Registrierung beim Portal für vergriffene Werke als Projektziel zu definieren und innerhalb der Projektlaufzeit alles für eine spätere Onlinestellung vorzubereiten.

Verwaiste Werke

Verwaiste Werke sind urheberrechtlich geschützte Werke, deren Rechteinhaber nicht bekannt oder nicht lokalisierbar sind. Gerade bei älteren Beständen in Archiven, Museen und Bibliotheken sind verwaiste Werke ein häufiges Phänomen.

Es gibt bereits seit 2012 eine eigene Richtlinie, die dafür sorgen soll, dass Kulturerbe-Einrichtungen verwaiste Werke online zugänglich machen dürfen. Sie wurde in Deutschland in den §§ 61 ff. UrhG umgesetzt, blieb aber in der Praxis weitgehend folgenlos, da die damit verbundenen Anforderungen zu hoch waren. So ist eine „sorgfältige Suche", die auch dokumentiert werden muss, Voraussetzung dafür, verwaiste Werke online zugänglich machen zu können. Das ist jedoch mit viel Personalaufwand und hohen Kosten verbunden und damit für die Massendigitalisierung ungeeignet. Hinzu kommt das Risiko der Institutionen, dass sich diese Investitionen nicht nur als vergeblich erweisen können, wenn ein später auftauchender Rechteinhaber der Nutzung widerspricht, sondern dass sie sogar § 61b UrhG für erfolgte Nutzungen zahlen müssen.

Durch die neuen Regelungen zu nicht verfügbaren Werken erledigt sich das Problem der verwaisten Werke. Denn für die Registrierung als „vergriffenes Werk" ist es nicht notwendig, den Rechteinhaber zu nennen „in Fällen, in denen sich das als unmöglich erweist; [...]" (Art. 8 Abs. 2 Buchstabe a) DSM-Richtlinie). Dieser Verzicht auf Nennung verdeutlicht, dass die Zugänglichmachung von verwaisten Werken ebenfalls ermöglicht werden soll.

Zwar lässt sich begrifflich zwischen verwaisten und nicht verfügbaren Werken unterscheiden, beide Gruppen weisen jedoch eine große Schnittmenge auf, und Bücher, die „verwaist" sind, sind in der Regel auch nicht verfügbar.

Wann ist ein Werk „nicht verfügbar"

Nicht verfügbar ist ein Werk dann, wenn es auf den üblichen Vertriebswegen nicht mehr erhältlich ist. Nicht notwendig ist dafür, dass das Werk überhaupt nicht mehr zu bekommen ist. So ist beispielsweise ein Buch auch dann „nicht verfügbar", wenn es über Antiquariate erhältlich ist.

Den Kulturerbe-Einrichtungen kommt hierbei eine Schlüsselrolle zu. Wenn sie nämlich mit vertretbarem Aufwand erfolglos versucht haben, ein Angebot für ein Werk auf den allgemeinen Vertriebswegen zu ermitteln, so gilt dies unwiderleglich als „nicht verfügbar". Das Gesetz weist damit den Kulturerbe-Einrichtungen die Aufgabe zu, diese Einschätzung vorzunehmen.

Verwertungsgesellschaftengesetz

§ 52b Nicht verfügbare Werke

(1) Nicht verfügbar ist ein Werk, das der Allgemeinheit auf keinem üblichen Vertriebsweg in einer vollständigen Fassung angeboten wird.
(2) Es wird unwiderleglich vermutet, dass ein Werk nicht verfügbar ist, wenn die Kulturerbe-Einrichtung zeitnah vor der Information gemäß § 52a Absatz 1 Satz 1 Nummer 4 mit einem vertretbaren Aufwand, aber ohne Erfolg versucht hat, Angebote nach Maßgabe des Absatzes 1 zu ermitteln.
(3) Werke, die in Büchern, Fachzeitschriften, Zeitungen, Zeitschriften oder in anderen verlegten Schriften veröffentlicht wurden, sind über die Anforderungen von Absatz 1 hinaus nur dann nicht verfügbar, wenn sie außerdem mindestens 30 Jahre vor Beginn der Bekanntgabe der Informationen gemäß § 52a Absatz 1 Satz 1 Nummer 4 letztmalig veröffentlicht wurden.

Bücher und Zeitschriften müssen 30 Jahre alt sein

Eine Besonderheit gilt für in Büchern, Fachzeitschriften, Zeitungen, Zeitschriften oder in anderen verlegten Schriften – also alles, was traditionell über den Buchhandel vertrieben wird. Bei solchen Werken muss die Veröffentlichung mindestens 30 Jahre zurückliegen, bevor sie als „nicht verfügbares Werk" registriert werden können. Für andere Werkarten, also beispielsweise für Plakate oder Filme, gilt diese Beschränkung nicht. Sie gilt auch nur für verlegte Schriften, also beispielsweise nicht für Flugblätter.

Durch die Vorschrift wird kein starres Datum festgelegt, ab dem Bücher als „nicht verfügbar" gelten können, sondern es wird eine sogenannte „moving wall" eingeführt, d. h. es kommt jeweils darauf an, dass seit Veröffentlichung 30 Jahre vergangen sind.

Lizenz oder gesetzliche Erlaubnis

Wenn es für bestimmte Werkarten in den Kulturerbe-Einrichtungen repräsentative Verwertungsgesellschaften gibt, erfolgt die Nutzung auf der Grundlage einer durch diese Verwertungsgesellschaft vergebenen Lizenz, ansonsten auf der Grundlage einer gesetzlichen Erlaubnis.

Die Abgrenzung aber, wann es eine repräsentative Verwertungsgesellschaft gibt, erscheint schwierig.

Verwertungsgesellschaftengesetz

§ 51b Repräsentativität der Verwertungsgesellschaft

(1) Eine Verwertungsgesellschaft ist repräsentativ, wenn sie für eine ausreichend große Zahl von Rechtsinhabern Rechte, die Gegenstand der kollektiven Lizenz sein sollen, auf vertraglicher Grundlage wahrnimmt.
(2) Nimmt nur eine Verwertungsgesellschaft, der eine Erlaubnis (§ 77) erteilt wurde, Rechte nach Absatz 1 wahr, so wird widerleglich vermutet, dass sie repräsentativ ist.

§ 51b des Verwertungsgesellschaftengesetzes definiert eine Verwertungsgesellschaft dann als repräsentativ, wenn eine „ausreichend große Zahl von Rechtsinhabern Rechte [...] auf vertraglicher Grundlage wahrnimmt." Es gibt darüber hinaus eine widerlegliche Vermutung, dass eine Verwertungsgesellschaft dann repräsentativ ist, wenn nur sie die entsprechenden Rechte wahrnimmt.

Doch was heißt das konkret?

Der Gesetzgeber geht davon aus, dass die Lizenzierung nicht verfügbarer Werke durch Verwertungsgesellschaften der Regelfall ist. Dieser Annahme liegt die Vorstellung zugrunde, dass sich Urheber zumeist durch Verwertungsgesellschaften vertreten lassen und dass diese Urheber auch eine Gruppe mit weitgehend konsistenten Interessen sind.

Gerade in den Archiven und Museen werden aber zahlreiche zeitgeschichtliche Zeugnisse bewahrt, die zwar (als „kleine Münze" oder auch durch Leistungsschutzrechte) urheberrechtlich geschützt sind, die aber nicht aus professioneller Kulturproduktion stammen, deren Urheber sich nie einen Gedanken über Rechte gemacht haben und die auch nie irgendwie verwertet wurden. Rein quantitativ machen diese Zeugnisse die Mehrheit der Bestände von Archiven aus.

Endgültige Klarheit darüber, welche Verwertungsgesellschaft für welche Werke repräsentativ ist, wird wohl erst eine Rechtsverordnung schaffen, die das BMJV gemäß 52d VGG erlassen darf. Wann dies jedoch geschieht, ist noch nicht absehbar.

Bei den folgenden Überlegungen zur Repräsentativität von Verwertungsgesellschaften ist nicht sicher, ob sie auch bei der genannten Verordnung berücksichtigt werden. Sie bieten aber eine argumentative Näherung:

Die VG Bild-Kunst vertritt Fotografinnen und Fotografen.

Heißt das nun, dass sie für alle Lichtbilder und Lichtbildwerke als repräsentative Verwertungsgesellschaft anzusehen ist? Das wäre angesichts massenhaft vorkommender Alltagsfotografie – die zumindest dem Lichtbildschutz nach § 72 UrhG unterliegt – eine wirklichkeitsfremde Vorstellung. Die VG Bild-Kunst hat 60.000 Mitglieder, allein auf Instagram laden aber über 20 Millionen Deutsche täglich private Aufnahmen hoch, an denen sie kein Verwertungsinteresse haben. Hinzu kommt, dass nur professionelle Fotografinnen und Fotografen Mitglied der VG Bild-Kunst werden können. Es spricht daher viel dafür, die Repräsentativität der VG Bild-Kunst im Bereich Fotografie auf professionelle Fotografie zu beschränken und für den großen Bereich der Amateurfotografie – der auch in den Beständen der Kulturerbe-Einrichtungen eine große Rolle spielt und von großem zeitgeschichtlichen Wert ist – anders zu bewerten.

Ähnlich verhält sich die Abgrenzung im Bereich der Texte. Die VG Wort ist bei kommerziell vertriebenen Büchern und Periodika repräsentativ. Aber gilt das auch für die in Erwägungsgrund 37 der DSM-Richtlinie genannten Faltblätter und Schützengrabenzeitungen? Was ist mit Broschüren, Agitationsschriften oder Flugblättern, die nie im Buchhandel erhältlich waren? Und wem kämen dann Lizenzeinnahmen aus der Nutzung solcher Schriftwerke zugute? Sicherlich nicht einer Autorin, den politischen Aktivisten oder dem Verfasser von Flugblättern, da davon auszugehen ist, dass diese nicht in Verwertungsgesellschaften organisiert sind.

Bislang gibt es in der VG Wort für das Verfassen von Flugblättern auch gar nicht die Möglichkeit, Rechte wahrnehmen zu lassen. Hinzu kommt, dass die Einzellizenzierung solcher Werke mit einem erheblichen Verwaltungsaufwand verbunden wäre, der in keinem Verhältnis zu den angemessenen Lizenzen steht und insofern für die VG Wort ein Zuschussgeschäft wäre. Eine solche Interpretation legt auch die Regelung in § 52b VGG nach, die in anderem Zusammenhang eine besondere Regelung für „Bücher, Fachzeitschriften, Zeitungen, Zeitschriften und andere verlegte Schriften" aufstellt. Dabei ist das Wort „verlegte" erst im Laufe des Gesetzgebungsprozesses in die Regelung aufgenommen worden, eben um klarzustellen, dass darunter keine Flugblätter oder Ähnliches fallen sollten. Auch wenn – wie gesagt – der Zusammenhang ein anderer ist, so erscheint dies auch eine sinnvolle Abgrenzung in Hinblick auf die Repräsentativität der VG Wort bei Texten.

Eine weiterer Aspekt, der die Repräsentativität von Verwertungsgesellschaften fraglich erscheinen lässt, ist die Zeit der Entstehung der Werke im Verhältnis zum Bestehen der Verwertungsgesellschaften. Die älteste Verwertungsgesellschaft ist die 1933 gegründete GEMA. Die VG Wort gibt es seit 1958, die GVL seit 1959, die VG Bild-Kunst seit 1968, die übrigen Verwertungsgesellschaften sind noch jünger. Selbst wenn man – um dies Beispiel zu nennen – davon ausgeht, dass die VG Bild-Kunst repräsentativ für heute lebende bildende Künstlerinnen und Künstler ist, so ist doch fragwürdig, ob sie es auch für Personen ist, die vor ihrer Gründung gewirkt haben. Insbesondere dann, wenn sie zur Zeit der Gründung bereits verstorben waren. Zwar ist durchaus denkbar, dass eine Künstlerin nach Gründung in die VG Bild-Kunst eingetreten ist und auch Werke vertreten werden, die zuvor entstanden sind. Auch ist denkbar, dass die Erben eines bereits verstorbenen Künstlers sich durch die VG BildKunst vertreten lassen. Gleichwohl ist in diesen Fällen fraglich, ob es sich um Einzelfälle handelt oder ob hier von einer Repräsentativität ausgegangen werden kann. Die Repräsentativität für Werke, die vor Gründung der Bundesrepublik – und damit lange vor Gründung der VG Bild-Kunst – entstanden sind, ist zumindest nicht im gleichen Maße eindeutig wie bei Gegenwartskunst.

Allerdings hat die VG Wort durch den erwähnten Lizenzierungsservice für vergriffene Werke bei der DNB auch solche Werke lizenziert, die vor ihrer Gründung entstanden sind. Dies spricht dafür, bei der Repräsentativität die Zeit der Entstehung der Werke unbeachtet zu lassen.

Höhe der Lizenzgebühren

Der Erfolg der Regelung zu den nicht mehr verfügbaren Werken wird auch davon abhängen, wie die Verwertungsgesellschaften die Tarife für kollektive Lizenzen gestalten. Dabei ist zu bedenken, dass nicht verfügbare Werke ihr „kommerzielles Leben" bereits hinter sich haben. Wäre ihr Vertrieb unter kommerziellen Gesichtspunkten einträglich, wären sie schließlich noch verfügbar. Dass sie ungeachtet des Endes des Verwertungszyklus überhaupt noch existieren, ist meist eben jenen Kulturerbe-Einrichtungen zu verdanken, die nun für ihre Nutzung noch Lizenzen erwerben sollen.

Die Lizenzgebühren, die im Rahmen des bis zum 6. Juni 2021 bestehenden Lizenzierungsservices der DNB gezahlt wurden, waren durchaus moderat – je nach Alter einer Monografie zwischen 5€ und 15€. Legt man diesen Erfahrungswert zugrunde, so gibt es begründete Hoffnungen, dass auch zukünftig die Forderungen der Verwertungsgesellschaften für die Lizenzen im Rahmen bleiben werden.

Erstveröffentlichungen

Besonders relevant ist auch die Frage, inwieweit die Erstveröffentlichung von Archivgut, die nach der DSM-Richtlinie möglich wäre, in Deutschland aus urheberpersönlichkeitsrechtlichen Gründen unzulässig ist. Hier gibt es Abgrenzungsschwierigkeiten. Ist beispielsweise grundsätzlich in der freiwilligen Übergabe an ein öffentliches Archiv auch eine (konkludente) Zustimmung zur Veröffentlichung zu sehen?

Diskussionsbedürftig erscheint darüber hinaus zu sein, wie lange eine solche Rücksichtnahme auf die Persönlichkeitsrechte des Urhebers geboten ist. Denn in allen anderen Bereichen geht man davon aus, dass das Persönlichkeitsrecht mit dem Tod endet (so etwa im Datenschutzrecht, vgl. Art. 1 Abs. 2, EG 27 DSGVO). Selbst wo man von einer Fortgeltung entsprechender Ansprüche ausgeht bzw. diese festschreibt – beispielsweise im KUG oder in den Sperrfristen von Archivgesetzen – ist der dafür gewährte Zeitraum von i. d. R. 10 Jahren stets kürzer als die Schutzdauer des Urheberrechts. Es erscheint unsachgerecht, einen persönlichkeitsrechtlichen Schutz im Urheberrecht länger Vorrang gegenüber einer gesetzlichen Erlaubnis zu gewähren, als dies in anderen Rechtsbereichen der Fall ist. Zumal selbst bei Lebenden gilt, dass gesetzliche Schranken (§ 44a ff. UrhG) die Nutzung auch unveröffentlichter Werke rechtfertigen können.

Persönlichkeitsrechte

Die Neuregelung im Urheberrecht betrifft nur die urheberrechtlichen Aspekte der Nutzung von nicht verfügbaren Werken. Gerade bei unveröffentlichten Werken ist jedoch darauf zu achten, dass durch die Veröffentlichung nicht die Persönlichkeitsrechte Dritter verletzt werden – etwa von Personen, die im typischen Registraturgut erwähnt werden.

Kooperationsprojekte, Plattformen, DDB

Ein weiteres Problem bei der geplanten Regelung zu den nicht verfügbaren Werken ist, dass nur eine einzelne, isolierte „Kulturerbe-Einrichtung" die nicht verfügbaren Werke „aus ihrem Bestand" online stellen darf. Dieses gesetzliche Idealbild geht von einer einzelnen Einrichtung aus, welches die Werke, die es in ihrem Bestand hat, digitalisiert und dann online stellt, beispielsweise ein Archiv, das Flugblätter in seinem Bestand hat und diese digitalisiert.

Die Praxis von Digitalisierungsprojekten beim kulturellen Erbe weicht jedoch häufig von diesem gesetzgeberischen Idealbild ab. Denn oft digitalisieren nicht einzelne Einrichtungen isoliert ihre jeweiligen Bestände. Vielmehr schließen sich (gerade kleine) Einrichtungen zu Verbünden oder Portalen zusammen. Vielfach bauen sie auch eine gemeinsame Infrastruktur für die öffentliche Zugänglichmachung auf und organisieren Digitalisierungsvorhaben arbeitsteilig. Die Struktur solcher Zusammenschlüsse ist unterschiedlich, in einigen Fällen wird eine eigene juristische Person dafür geschaffen.

Die Deutsche Digitale Bibliothek (DDB), die bei der Digitalisierung und der öffentlichen Zugänglichmachung von kulturellem Erbe eine zentrale Rolle spielt, geht in ihrer Struktur davon aus, nicht nur mit einzelnen Einrichtungen, sondern auch mit sogenannten „Aggregatoren" Kooperationsverträge abzuschließen. Dies geschieht aus der Erkenntnis heraus, dass gerade kleine Einrichtungen häufig zunächst gemeinsam mit anderen, vergleichbaren Institutionen gemeinsame Infrastrukturen aufbauen.

Derzeit ist es für eine Kooperation von Kulturerbe-Einrichtungen mit der DDB erforderlich, dass der DDB bestimmte Rechte ausdrücklich eingeräumt werden müssen. Dies hätte zur Folge, dass nicht verfügbare Werke ohne repräsentative Verwertungsgesellschaft zwar von einzelnen Einrichtungen online gestellt werden dürften, nicht aber in die DDB übernommen werden könnten.

Ausblick: Die zukünftige Rolle der DNB

Wie bereits aufgeführt, hat die DNB in Zusammenarbeit mit den Verwertungsgesellschaften, insbesondere der VG Wort, einen Lizenzierungsservice für vergriffene Werke unterhalten, der bislang aber nur für Monografien bis 1965 galt. Dieser Lizenzierungsservice soll so bald als möglich seine Arbeit auf neuer gesetzlicher Grundlage wieder aufnehmen. Dafür sind jedoch einige komplexe technische Fragen zu klären, die insbesondere den Datenaustausch mit dem Register für vergriffene Werke mit dem zentralen Portal beim europäischen Amt für geistiges Eigentum betreffen. Auch müssen die Konditionen und Tarife mit den Verwertungsgesellschaften neu festgelegt werden, da nunmehr auch jüngere Schriftwerke lizenziert werden können.

Weiterhin beabsichtigt die DNB, den Lizenzierungsservice auch für Musik anzubieten, da auch dies zu ihrem gesetzlichen Sammlungsauftrag gehört. Über all dies finden Gespräche und Verhandlungen mit den Verwertungsgesellschaften und anderen beteiligten Kreisen statt. Dabei sind die Beteiligten zuversichtlich, alsbald den Lizenzierungsservice wieder in erweiterter Form anbieten zu können.

Was Sie jetzt schon tun können

Unabhängig davon, ob für bestimmte Werkarten Verwertungsgesellschaften als repräsentativ gelten und auch unabhängig von allen anderen offenen Fragen, können Sie eine Kulturerbe-Einrichtung bereits jetzt beim Europäischen Amt für Geistiges Eigentum registrieren.

Die Homepage des Portals des Europäischen Amts für geistiges Eigentum ist online unter **euipo.europa.eu/ohimportal/de/web/observatory/outofcommerceworks** zu erreichen. Das Portal ist direkt erreichbar über den Link **euipo.europa.eu/out-of-commerce**.

Zur Meldung vergriffener Werke ist es zunächst notwendig, sich als begünstigte Kulturerbe-Einrichtung zu registrieren. Dies ist auch dann notwendig, wenn Sie bereits beim Portal für verwaiste Werke als Einrichtung registriert sind, da es hier keinen Datenabgleich gibt.

Wenn Sie als Einrichtung registriert sind, können Sie dort in einem zweiten Schritt auch die „nicht verfügbaren Werke“ registrieren, die online gestellt werden sollen. Dies muss unabhängig davon geschehen, ob später die Nutzung auf der Grundlage einer Lizenz oder einer gesetzlichen Erlaubnis geschieht. Zunächst muss jedes Werk sechs Monate in diesem Portal eingestellt sein, ohne dass ein Rechteinhaber gegen die Online-Nutzung Widerspruch eingelegt hat.

Gebühren und Entgelte

5. Da **Gebühren und Entgelte** für die Weiterverwendung von kulturellen Daten und Inhalten eine erhebliche Beschränkung für den Zugang, die Nutzung und Weiterverwendung durch die Allgemeinheit sowie die Kulturwirtschaft darstellen, sollen sie grundsätzlich entfallen. Das entlastet die Einrichtungen vom damit bislang verbundenen Verwaltungsaufwand, zumal die gebührenbasierte Vermarktung kultureller Objekte und Daten nicht zu ihren originären Aufgaben gehört. Vor dem Hintergrund dieser Policy setzen die Kulturerbe-Einrichtungen im Land Hessen nicht weiter auf verknappende und gewinnorientierte Geschäftsmodelle mit Kulturobjekten und Daten, sondern streben eine möglichst weite gesellschaftliche Wirkung des kulturellen Erbes in Hessen und darüber hinaus an.

Gebührenerhebung unwirtschaftlich

Eine Fokussierung auf „Einnahmen" ist in Kulturerbe-Einrichtungen nicht sinnvoll und hat vielfach tragische Konsequenzen. Da „Einnahmen" als isolierter Posten in Haushaltsplänen vorgesehen sind, müssen sie erzielt werden, auch wenn dies zahlreiche Ressourcen bindet. Eine Umfrage bei den Kulturerbe-Einrichtungen in Hessen hat bestätigt, dass keine hohen Einnahmen erzielt werden, während auf der anderen Seite durch die mit Gebühren und Einnahmen verbundene Verwaltung Personalressourcen gebunden werden, die an anderer Stelle fehlen. Insgesamt gesehen sind die Personalkosten für die Erzielung solcher Einnahmen zumeist höher als die Einnahmen selbst.

Nutzungsentgelte für gemeinfreie Werke unzulässig

Unzulässig sollte auch sein, vertraglich die Nutzung gemeinfreier Werke in einer Weise zu beschränken, die einer Fortgeltung des Urheberrechts gleichkäme.

Einige Kulturerbe-Einrichtungen haben bisher auch Gebühren für die „Nutzung" gemeinfreier Werke verlangt. Bei solchen Nutzungsgebühren handelt es sich aber nicht um „Lizenzgebühren", zumindest nicht in dem in Deutschland gebräuchlichen Verständnis des Begriffs der Lizenz. Eine Lizenz ist – ganz allgemein – eine Erlaubnis, Dinge zu tun, die ohne diese Erlaubnis verboten sind. Speziell im Bereich des Urheberrechts wird der Begriff verwendet, wenn jemandem ein Nutzungsrecht an einem urheberrechtlich geschützten Werk eingeräumt wird. Dieses ist erforderlich, denn die Vervielfältigung, Verbreitung und öffentliche Wiedergabe urheberrechtlich geschützter Werke ohne Zustimmung des

Rechteinhabers (oder das Eingreifen einer gesetzlichen Erlaubnis) ist verboten und sogar strafbar, § 106 UrhG.

Handelt es sich jedoch um gemeinfreie Digitalisate, bedarf es keiner Erlaubnis, damit sie genutzt werden dürfen. Durch den Nutzungsvertrag zwischen einer Nutzerin oder einem Nutzer und der Kulturerbe-Einrichtung wird mit der Festlegung des Nutzungsentgeltes sogar das Gegenteil von dem getan, was eine Lizenz regelt: Nicht etwas Verbotenes wird erlaubt, sondern etwas Erlaubtes – die unbeschränkte Nutzung gemeinfreier Werke – wird vertraglich eingeschränkt. Ein solches Verhalten würde nicht nur dem Open-Access-Paradigma widersprechen, sondern sogar in die entgegengesetzte Richtung zielen.

Anders als einer Bereitstellungsgebühr oder der Gebühr für die Digitalisierung steht einer Nutzungsgebühr keine Gegenleistung gegenüber: Gemeinfreie Werke dürfen ohne Beschränkung genutzt werden. Allein die auf der Sachherrschaft beruhende Position einer Kulturerbe-Einrichtung bewirkt, dass sie die Bereitstellung von Digitalisaten an Bedingungen knüpfen kann, denen sich jeder unterwerfen muss, der die Archivalien nutzen will.

Dabei gilt diese vertragliche Verpflichtung nur gegenüber der Nutzerin oder dem Nutzer – eine Drittperson ist daran nicht gebunden. Damit werden die vertraglich gebundenen Nutzenden durch die Nutzungsbedingungen schlechter gestellt als Außenstehende, die später die dann frei zugänglichen gemeinfreien Werke nutzen. Ab dem Moment der Verfügbarkeit für Dritte verlieren nämlich die Kulturerbe-Einrichtungen ihre Möglichkeit, Nutzungsbedingungen vorzuschreiben.

Um es an einem Beispiel zu konkretisieren: Wenn Verlag A das gemeinfreie Digitalisat eines Dokumentes erhält und sich vertraglich aufgrund der Nutzungsbedingungen gegenüber der Kulturerbe-Einrichtung B verpflichtet, dieses Digitalisat nur einmal in einer Ausgabe eines Buches zu verwenden, dann gilt diese Verpflichtung nur gegen den Verlag A. Ein Verlag C könnte das dann publizierte gemeinfreie Dokument frei nutzen, ohne dass die Kulturerbe-Einrichtung B dies rechtlich verhindern könnte.

Solche Nutzungsgebühren und Nutzungsbedingungen bewirken eine vertragliche Verlängerung von urheberrechtlichen Positionen. Die Nutzung der tatsächlichen Sachherrschaft über ein Werk dergestalt, dass auch nach Ablauf der Schutzfrist dieses nicht im Sinne der Gemeinfreiheit genutzt werden kann, wird unter dem Begriff des verlängerten Urheberrechts diskutiert.

Das Bestreben öffentlicher Institutionen, über Nutzungsbedingungen oder auf andere Weise ein verlängertes Urheberrecht zu schaffen, wird in der juristischen Fachliteratur, aber auch durch die Rechtsprechung überwiegend abgelehnt.

So lehnte der BGH bestimmte Ausschließlichkeitsvereinbarungen von Museen als unvereinbar mit dem Rechtsgedanken der Gemeinfreiheit ab. Im Urteil wird ausgeführt:

„Soweit sich die Klägerin auf eine angebliche Vereinbarung mit der Museumsleitung beruft, wonach diese ihr die ausschließliche Erlaubnis eingeräumt haben soll, die ‚Apfel-Madonna' zu reproduzieren, kann offenbleiben, ob eine solche Vereinbarung tatsächlich getroffen worden ist. Denn da dem Museum, wie dargelegt, an diesem gemeinfreien Werk, als geistigem Gebilde weder sachen- noch urheberrechtliche Ausschließlichkeitsrechte zustehen, konnte sie solche auch nicht auf die Klägerin übertragen. Durch die Vereinbarung einer schuldrechtlichen Verpflichtung des Museums, allein der Klägerin die Vervielfältigung der Skulptur zu gestatten, wird ein gegen Dritte wirkendes Ausschlußrecht nicht begründet (RG GRUR 1934, 381, 384 – Rennvoraussagen; insoweit in RGZ 144, 75 nicht abgedruckt). Die gegenteilige Auffassung würde zu dem Ergebnis führen, daß der Eigentümer des einzigen körperlichen Festlegungsexemplars eines gemeinfreien Kunstwerks durch Abschluß derartiger ‚Lizenzverträge' sich für einen unbegrenzten Zeitraum das Recht der gewerblichen Nutzung dieses Kunstwerkes durch Verbreitung von Kopien sichern könnte, deren Herstellung er nur von ihm ausgewählten Vertragspartnern gegen Zahlung einer ‚Lizenzgebühr' gestattet. Dies wäre aber unvereinbar mit dem Rechtsgedanken, der der zeitlichen Begrenzung des Urheberrechtsschutzes zugrunde liegt, wonach nach Ablauf der Schutzfrist das Werk als geistiges Gebilde der Allgemeinheit für jede Art der Nutzung frei zugänglich sein soll."

Berücksichtigung bei der Finanzierung

Ungeachtet der Unwirtschaftlichkeit von Gebührenerhebung und auch wenn der Verzicht auf Gebühren die Kulturerbe-Einrichtungen stärkt, weil sie die oft knappen Personalstellen für ihre originären Aufgaben verwenden können, so fehlen bei einem Verzicht die bisherigen Einnahmeansätze in den Haushaltsplänen der Kulturerbe-Einrichtungen. Dies ist bei der Aufstellung zukünftiger Haushaltspläne zu berücksichtigen.

Das Darmstädter Tagblatt im Digitalisierungszentrum der ULB Darmstadt –
Foto: Anne-Christine Günther, CC0 1.0

Ko-Produktionen und User Generated Content

6. **Ko-Produktion und User Generated Content** ermöglichen kulturelle Innovation. Die Kulturerbe-Einrichtungen im Land Hessen beschränken sich daher nicht auf die digitale und offene Bereitstellung kultureller Objekte und Daten. Sie bewerben vielmehr proaktiv ihre offenen Angebote (Kulturobjekte und Kulturdaten) und treten mit relevanten Nutzungsgruppen, digitalen Kanälen, Plattformen und Communitys in Austausch und institutionalisieren diesen.

Das dominierende Ziel der hessischen Kulturerbe-Einrichtungen ist es, kulturelles Erbe vor dem Vergessen zu bewahren und im Bewusstsein der Gesellschaft lebendig zu halten. Doch können dies Archive, Bibliotheken und Museen nur schwerlich alleine bewirken, wichtig ist, dass auch Menschen und Gruppen einbezogen werden, die die Wirkung bestärken, indem sie das kulturelle Erbe in neuen Zusammenhängen wieder lebendig werden lassen. Die aktive Einbeziehung verschiedener Communitys ist deshalb wichtig, sie wirken als Verstärker in die Gesellschaft hinein. Wo immer es entsprechende Organisationsformen gibt wie etwa Vereine, Social-Media-Gruppen, Wikipedia und andere bürgerschaftlich organisierte Plattformen, sollte die aktive Einbeziehung solcher Gruppen auch institutionalisiert werden.

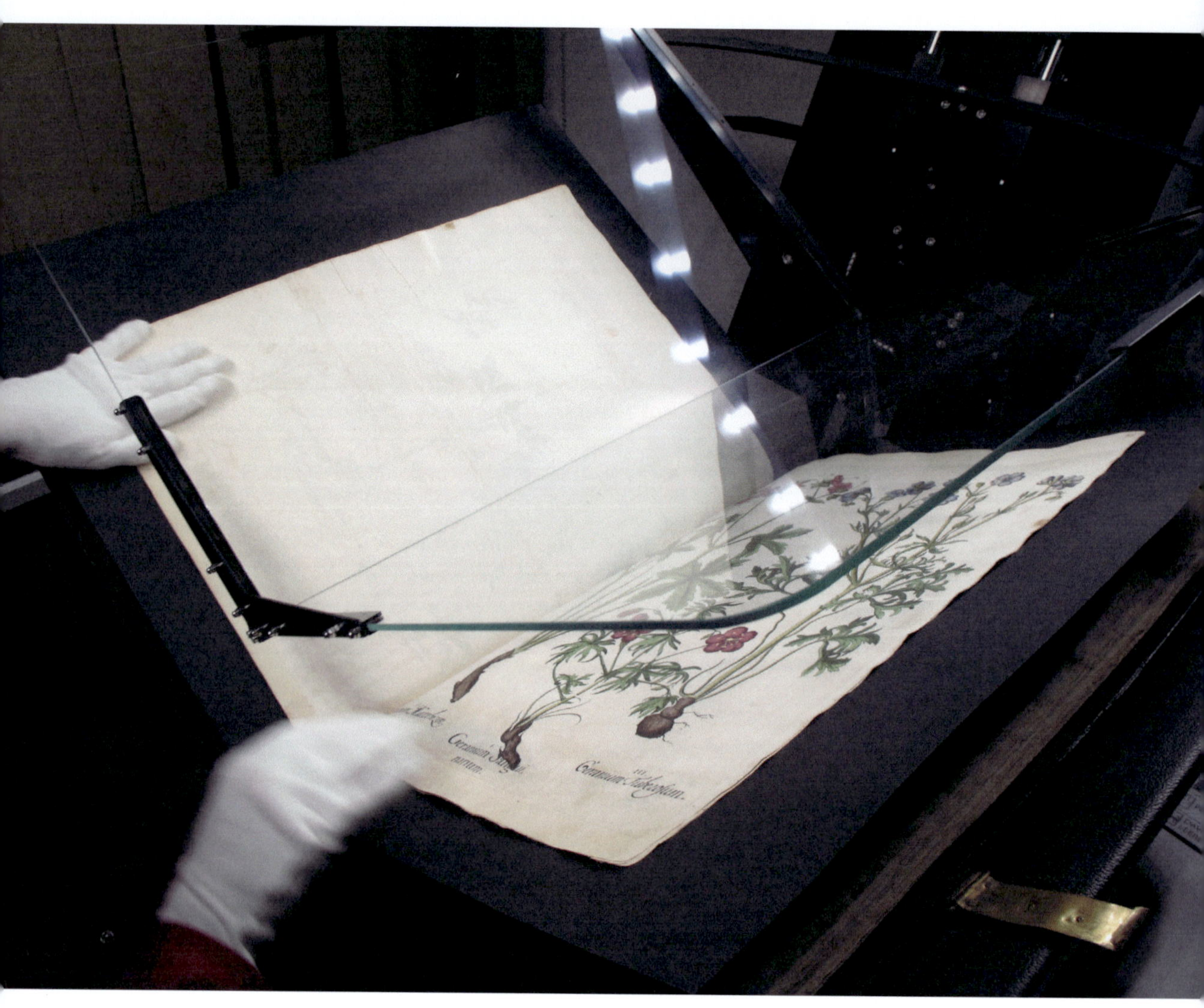

Digitalisierung eines aus dem Anfang des 17. Jahrhunderts stammenden botanischen Prachtbands – Quelle: Hessisches Landesarchiv, CC0 1.0

Vernetzung, Semantic Web, Linked Open Data

7. Die Kulturerbe-Einrichtungen im Land Hessen bringen eigene Inhalte und kulturelle Informationen in Form von frei nutzbaren Daten entweder selbst oder durch gelebte bürgerwissenschaftliche Kooperationen in offene semantische Netze ein. Damit wird das volle Potenzial digitaler kultureller Objekte im Zusammenspiel von freien Lizenzen, hoher Qualität und standardisierten, strukturierten Daten für Semantic Web und Linked Open Data ausgeschöpft und lokal vorhandenes Wissen kann mit dem Weltwissen in Beziehung gesetzt werden. Für die **Vernetzung** und mehrsprachliche Sichtbarkeit des Kulturerbes aus Hessen schließen sich die Einrichtungen nach Möglichkeit den Aktivitäten und dezentralen Diensten der Nationalen Forschungsdateninfrastruktur (NFDI) an, nutzen zentrale Dienste zur Qualitätssicherung wie die Gemeinsame Normdatei der Deutschen Nationalbibliothek und befassen sich explorativ mit freien Wissensdatenbanken wie z. B. Wikidata.

Seit Herbst 2020 werden Konsortien der Nationalen Forschungsdateninfrastruktur (NFDI) mit Finanzmitteln des deutschen Bundesstaates und der Bundesländer großflächig gefördert. In den geisteswissenschaftlichen Konsortien haben sich viele der in diesem Bereich führenden Wissenschafts- und Infrastruktureinrichtungen zusammengeschlossen, um ihre forschungsgetriebenen Aktivitäten aufeinander abzustimmen. Mit der NFDI entsteht im deutschen Wissenschaftssystem ein bundesweites Netzwerk von technischen Diensten und Beratungsangeboten, die in vielen Anwendungskontexten nachgenutzt, aber umgekehrt von hessischen Einrichtungen auch bereichert werden können. Diesem neuen, strukturbildenden Angebot werden sich die Kulturerbe-Einrichtungen in Hessen mit zunehmender Intensität anschließen, um ihre eigenen Kulturdaten, aber auch ihre vielfältigen Expertisen im Bereich des Forschungsdatenmanagements (FDM) über die Landesgrenzen hinaus bereitzustellen und wirksam werden zu lassen. Insbesondere geht es dabei um das Zusammenspiel von freien Lizenzen und mehrsprachigen Kulturdaten, von standardisierten FDM-Verfahren und verfeinerten Methoden zur Sicherung der Datenqualität. Dazu nutzen die Kulturerbe-Einrichtungen die zu ihren jeweiligen Bedarfen passenden Angebote der NFDI, wie etwa Guidelines für die Digitalisierung und Erschließung spezifischer kultureller Objektgattungen oder technische Verfahren zur Anreicherung der eigenen Kulturdaten mit Normdaten, vor allem der Gemeinsamen Normdatei (GND) der DNB. Als hessischer Partner im Konsortium NFDI4Culture ist die Philipps-Universität Marburg in hervorragender Weise aufgestellt, um mit dem Betrieb einer entsprechenden Agentur GND-basierte Normdaten für historische Bauwerke zu erstellen und langfristig zu verwalten, insbesondere in Zusammenarbeit mit dem Landesamt für Denkmalpflege in Hessen und den kommunalen Denkmalbehörden. Aber auch die Beratung von hessischen Einrichtungen, die sich mit beweglichen Kulturgütern oder zeitbasierten Kunstformen wie etwa dem Film oder dem Theaterspiel befassen, gehört zum Aufgabenportfolio von NFDI4Culture.

Letzten Endes sollen alle diese Aktivitäten dazu dienen, strukturierte Daten für das Semantic Web im nationalen und auch im internationalen Kontext zu produzieren, so dass den Kulturerbe-Einrichtungen die Vernetzung von hochqualitativen und so frei wie möglich nutzbaren Kulturdaten nach Maßgabe der FAIR-Prinzipien auf bestmögliche Weise gelingt. Die Beschäftigung mit frei bearbeitbaren Wissensdatenbanken wie Wikidata mit ihren derzeit rund 90 Millionen Datenobjekten gehört dabei zu den wichtigen Möglichkeiten, um digitale Sammlungen aus Kulturerbe-Einrichtungen mit den international führenden Open-Science-Plattformen kollaborativ zu verknüpfen. Dem Prinzip von Open Science zu folgen, transparentes und frei zugängliches Wissen in kollaborativ entwickelten Netzwerken zu teilen und uneingeschränkt nutzbar zu machen, gehört zu den großen Zukunftschancen und Innovationstreibern von Kulturerbe-Einrichtungen.

Denn Digitalisierung ist kein Selbstzweck, sondern dient im Ergebnis der Vermittlung des Wissens über unser kulturelles Erbe. Hierbei kann die Online-Enzyklopädie Wikipedia als die meist genutzte Wissensquelle weltweit und wachsende Wissens-Allmende unterstützen. Aber nicht nur die Vermittlung auf der semantischen Ebene für Menschen ist wichtig, sondern auch die Maschinenlesbarkeit des digitalen kulturellen Erbes. Hierfür ist die explorative Auseinandersetzung mit freien Wissensdatenbanken wie z.B. Wikidata Voraussetzung. Wikidata als weltweit nutzbare und genutzte zentrale Datenbank für strukturierte Daten ist eine wichtige Grundlage für die Vernetzung von Wissen und stärkt das Semantic Web. Aus Dateneinträgen wird erschlossene Information, die sich zu Wissen verdichten und vernetzten lässt. Metadaten, die in Wikidata bereitgestellt werden, können mit Daten anderer Institutionen verknüpft und von einer weltweit aktiven Community mit weiteren Metadaten angereichert werden, wodurch sie (mit strukturierten Daten) z.B. über Wikimedia Commons und Wikipedia deutlich mehr Reichweite und Sichtbarkeit gewinnen. Voraussetzung dafür, dass Wikidata zu einer Datenbank heranwächst, die das gesamte kulturelle Erbe der Welt maschinenlesbar erfasst, ist die Mitwirkung der Kulturerbe-Einrichtungen, zu deren Exploration sich die Einrichtungen aus Hessen ausdrücklich bekennen. Dadurch entstehen völlig neue Möglichkeiten, das Kulturerbe auszuwerten und zusammen mit anderen Sammlungen in neue Kontexte zu setzen. Zum praktischen Vorgehen ist ein Workflowmodell als erster Ansatz im GLAM-Wiki enthalten.

Deutsche Digitale Bibliothek und Europeana

8. Regionale, nationale und weltweite Sichtbarkeit des Kulturerbes werden über Kulturplattformen wie die **Deutsche Digitale Bibliothek** und **Europeana** sichergestellt. Kulturerbe-Einrichtungen aus Hessen bringen eigene Angebote gemäß der unter Punkt 3 beschriebenen Lizenzierungspolitik ein.

Die Deutsche Digitale Bibliothek (DDB) ist ein Gemeinschaftsprojekt. Für sie ziehen Bund, Länder und Kommunen gemeinsam an einem Strang, um das kulturelle Erbe Deutschlands über ein zentrales Portal im Internet zugänglich zu machen, zu vernetzen und in die Europeana einzubringen.

Beabsichtigt ist, die digitalen Angebote aller Kultur- und Wissenschaftseinrichtungen nicht nur aus Hessen, sondern aus ganz Deutschland durch die DDB miteinander zu vernetzen und dadurch einen länder-, fächer-, disziplinen-, sparten- und medientypen-übergreifenden Zugang zu Kultur und Wissen zu ermöglichen.

Durch die Einbindung der DDB in die Europeana erstreckt sich die Vernetzung über die Landesgrenzen hinweg. Für die Europeana fungiert die DDB als nationaler Aggregator.

In vielen öffentlichen Förderprogrammen gehört es inzwischen zu den Zuwendungsvoraussetzungen, die vorhandenen und entstehenden Digitalisate des kulturellen Erbes in die DDB einzubinden. Wer also diese geforderte Einbindung von Digitalisaten in die DDB schon bei der Antragstellung berücksichtigt, erhöht damit die Erfolgsaussichten für die beantragte Zuwendung.

Auch wenn die DDB nicht der einzige Aggregator für kulturelle Inhalte in Deutschland ist, so ist sie doch der wichtigste. Dies vor allem deshalb, weil sie nicht nur mit einzelnen Kultureinrichtungen, sondern auch mit anderen Verbünden zusammenarbeitet und damit den Vernetzungsgrad erhöht.

Nachfolgend wird erläutert, unter welchen Voraussetzungen Kulturerbe-Einrichtungen, aber auch Verbünde mit der DDB zusammenarbeiten können.

Um mit der DDB zusammenarbeiten zu können und dort Inhalte zu präsentieren, müssen Kulturerbe-Einrichtungen einen Kooperationsvertrag mit der DDB abschließen und ihr bestimmte Nutzungsrechte übertragen. Darüber hinaus muss der rechtliche Status eines Digitalisates angegeben werden. Dafür gibt es eine – auch auf die Europeana abgestimmte – standardisierte Auswahl, den sogenannten DDB Lizenzkorb.

Der DDB Lizenzkorb und Rechteauszeichnung

Alle in der DDB auffindbaren digitalen Inhalte sind mit einem Hinweis zu den Nutzungsmöglichkeiten zu versehen, damit die Nutzerinnen und Nutzer der DDB wissen, was sie mit den Inhalten tun dürfen und was nicht. Dafür kann einerseits eine Creative-Commons-Lizenz verwendet werden. Andererseits ist es möglich, gemeinfreie Inhalte mittels des Public Domain Mark als solche zu kennzeichnen oder mittels der Freigabeerklärung CC0 dafür zu sorgen, dass ein urheberrechtlich geschütztes Werk wie ein gemeinfreies behandelt wird. Neben den von Creative Commons entwickelten Lizenzen und Kennzeichnungen gibt es auch die Möglichkeit, deutlich zu machen, dass Rechte vorbehalten sind oder dass der Zugang nur nach einer Autorisierung erfolgt. Auch die Kennzeichnung als verwaistes Werk ist möglich.

Um auch hier eine leicht verständliche und maschinenlesbare Kennzeichnung zu ermöglichen, hat die Europeana ein Set an Rechteauszeichnungen entwickelt, die auch international zu einem Standard geworden sind. Zusammen decken die Creative-Commons-Lizenzen und -Werkzeuge sowie diese Rechtekennzeichungen das gesamte Spektrum der rechtlichen Konstellationen von Nutzungen ab.

Die Links zum Lizenzkorb der DDB und den Rechtehinweisen von RightsStatements.org finden Sie im Literaturverzeichnis.

Nicht bloß technische Infrastruktur

Große kommerzielle Portale, wie beispielsweise YouTube, und zahlreiche gemeinnützige Mitmachportale, etwa Jewish Places, beschränken sich im Wesentlichen darauf, eine technische Infrastruktur zur Verfügung zu stellen, auf die Kulturerbe-Einrichtungen ihre Inhalte hochladen können. Solche Portale waren bis zum August 2021 insofern privilegiert, als sie nicht für Urheberrechtsverstöße hafteten, sofern sie von diesen keine Kenntnis hatten. Die Umsetzung der DSM-Richtlinie der EU hat zwar bewirkt, dass kommerzielle Plattformen wie Youtube oder Facebook nunmehr für Urheberrechtsverletzungen haften. Für nichtkommerzielle Plattformen gilt die bisherige Haftungsprivilegierung jedoch weiterhin. Erst bei Kenntnis eines Rechtsverstoßes sind sie verpflichtet, hochgeladene Inhalte nicht weiter zugänglich zu machen. Wegen dieser rechtlichen Privilegierung des sogenannten „Host Providers“ – als der Plattform, die lediglich eine technische Infrastruktur zur Verfügung stellt – müssen beim Hochladen von Videos oder alter Dokumente auch keine Rechte auf die Plattform übertragen werden.

Im Vergleich dazu bietet die DDB Services, die weit über die reine technische Infrastruktur hinausgehen. Sie macht sich die Inhalte zu eigen und arbeitet auf verschiedenen Ebenen mit den Partnerorganisationen zusammen.

Der Vertragspartner

An der Entwicklung der DDB beteiligt sich ein Kompetenznetzwerk aus vierzehn Kultur- und Wissenschaftseinrichtungen. Alle verfügen über hervorgehobene Erfahrungen mit Digitalisierungsprojekten und damit, Kultur und Wissen über das Internet zur Verfügung zu stellen, allen voran die DNB in Frankfurt am Main. Aber auch das Deutsche Dokumentationszentrum für Kunstgeschichte – Bildarchiv Foto Marburg an der Philipps-Universität Marburg gehört als hessische Einrichtung zu den Mitgliedern des DDB-Kompetenznetzwerks und betreibt hierbei perspektivisch die DDB-Fachstelle Denkmalpflege.

Der Bund, die Länder und die Kommunen verständigten sich darauf, dass die Stiftung Preußischer Kulturbesitz – als spartenübergreifend agierende und von Bund und Ländern gemeinsam finanzierte Einrichtung – die Verantwortung für das rechtsgeschäftliche Handeln der DDB trägt. Zu ihren Aufgaben gehört, in Abstimmung und Zusammenarbeit mit den Vertretern des Kompetenznetzwerks den Kooperationsvertrag zu entwickeln.

Vertragspartner dieses Kooperationsvertrages sind daher auf der einen Seite die Stiftung Preußischer Kulturbesitz, handelnd für das durch Verwaltungs- und Finanzabkommen zwischen Bund und Ländern errichtete „Kompetenznetzwerk Deutsche Digitale Bibliothek“, und auf der anderen Seite die jeweilige Institution.

Welche Rechte werden übertragen?

In dem Kooperationsvertrag müssen die Institutionen der DDB räumlich unbeschränkte, nicht ausschließliche Nutzungsrechte einräumen. Allerdings kann der Datengeber frei wählen, in welchem Umfang er Nutzungsrechte überlässt und ob sich diese auf die digitalen Objekte und deren Derivate beziehen oder nur auf die Metadaten.

Ganz generell werden die Rechte übertragen, welche die DDB benötigt, um die Objekte beziehungsweise Derivate, wie Vorschaubilder, online zu zeigen – wohlgemerkt zu nicht kommerziellen, insbesondere wissenschaftlichen, kulturellen, der Bildung oder der Weiterbildung dienenden Zwecken.

Welchen Umfang die Rechteeinräumung darüber hinaus hat, kann der Datengeber frei entscheiden – und das nicht nur generell, sondern durch die Angabe in den Metadaten der Objekte auch für jedes Objekt einzeln.

Verwertungen

In keinem Fall wird die DDB die digitalen Inhalte verwerten und bedarf daher nicht der vollumfänglichen ausschließlichen Rechte an den Inhalten. Es ist damit gesichert, dass es immer der Datengeber, sprich Kooperationspartner, ist, der den

Umfang der Rechte bestimmt, die er den Nutzerinnen und Nutzern einräumt. Bedingung für die Kooperation mit der DDB und der Europeana ist lediglich, dass der kostenfreie Zugang für nicht kommerzielle, insbesondere wissenschaftliche und kulturelle Zwecke gewährt wird. Die einzelnen Einrichtungen können also weiterhin digitale Inhalte kommerziell auswerten, sei es, dass sie den Zugang zu hochauflösenden Abbildungen von einer Gebühr abhängig machen, sei es, dass sie aufgrund urheberrechtlichen Schutzes der Abbildungen ihre Zustimmung zur gewerblichen Nutzung nur gegen Entgelt zulassen oder mangels eigener Rechte ganz verweigern. In Hinblick auf ihre jeweiligen Verwertungsmodelle und -strategien für die Erlaubnis kommerzieller Nutzung macht der Kooperationsvertrag mit der DDB den Einrichtungen keine Vorgaben oder Einschränkungen.

Metadaten

Informationen und Daten, die Objekte anhand bestimmter Merkmale und Eigenschaften in einheitlicher Form beschreiben, sprich: standardisierte Metadaten, sind für die Auffindbarkeit von kulturellen Inhalten entscheidend. Im Zusammenspiel von Museen, Archiven und Bibliotheken, der DDB und der Europeana sind zwei Kategorien von Metadaten zu unterscheiden: Als Kernmetadaten bezeichnen die Beteiligten jene Metadaten, die die Europeana nutzt und die die DDB an die Europeana weiterleiten soll. Diese Kernmetadaten sind als einzelner Datensatz nicht urheberrechtlich geschützt. Urheberrechtlicher Schutz setzt eine persönliche geistige Schöpfung voraus, was bei reinen Erschließungsinformationen, wie einer Objektbezeichnung oder einem Datum, nicht gegeben ist. Gleichwohl werden die Kernmetadaten als „Creative Commons Zero“ gekennzeichnet (CC0 abgekürzt). Die Abgrenzung zwischen urheberrechtlich geschützten und ungeschützten Metadaten ist oft schwierig. Deshalb wird ganz generell auf die Freigabeerklärung CC0 zurückgegriffen. Häufig ist die Freigabe gar nicht nötig und wirkt lediglich deklaratorisch, um anzuzeigen, dass diese Daten von allen Beschränkungen des Urheberrechts befreit und beliebig nutzbar sind. Diese Kennzeichnung entspricht den Vorgaben und der Lizenzpolitik der Europeana. Dahinter steht die Überzeugung, dass es der Verbreitung von kulturellen Inhalten förderlich ist, wenn die Metadaten frei zugänglich sind. Schon der „Rat der Weisen“, eine hochrangig besetzte europäische Expertengruppe, formulierte in seinem Abschlussbericht:

> „Metadaten über die digitalen Inhalte, die von den Kulturinstitutionen erzeugt werden, sollen frei zugänglich sein und ihre Weiternutzung ermöglicht werden.“
> (Quelle: „Die neue Renaissance. Empfehlungen der Drei Weisen zum Ausbau des europäischen kulturellen Erbes im Netz“)

Von den Kernmetadaten zu unterscheiden sind die erweiterten Metadaten. Darunter versteht man solche Daten, die über die Kernmetadaten hinausgehen. Bei diesen erweiterten Metadaten kann unter Umständen ein einzelner

Datenbankeintrag urheberrechtlich geschützt sein. Zum Beispiel dann, wenn er Beschreibungstexte enthält, die als kreative geistige Leistungen einzustufen sind. Häufig sprechen Fachleute in diesem Zusammenhang deshalb auch von „beschreibenden Metadaten".

Kooperation der DDB mit Aggregatoren

Den Kooperationsvertrag mit der DDB können zum einen einzelne Einrichtungen abschließen: ein Archiv, ein Museum, eine Bibliothek oder eine andere Institution. Zum anderen aber auch regionale oder thematisch ausgerichtete Aggregatoren, sofern ihnen die jeweiligen Institutionen, deren Bestände sie zusammenfassen, die dafür notwendigen Rechte übertragen haben.

Wichtige Voraussetzung hierfür ist allerdings, dass der Aggregator nicht nur Nutzungsrechte hat, die ihm erlauben, Materialien online zu stellen, sondern dass er diese auch an Dritte übertragen darf. Dies muss ihm ausdrücklich gestattet werden.

Eine weitere Bedingung ist, dass das jeweilige Portal – also der Aggregator – entweder eine eigene Rechtspersönlichkeit hat und Verträge abschließen kann, oder dass es bei einer teilnehmenden Institution angesiedelt ist, die von allen anderen kooperierenden Einrichtung zur Vertretung berechtigt wurde.

Es gibt eine ganze Reihe von Portalen und Verbünden, die die Funktion eines Aggregators für die DDB übernommen haben, sowie weitere, die dies in Zukunft tun könnten. Die DDB entwickelte hierfür mehrere Musterverträge: Zum einen für die Übertragung von Rechten an die DDB, damit sie die vom Aggregator übermittelten Inhalte zugänglich machen kann. Zum anderen einen Vertrag, mit dem sich Aggregatoren von den jeweiligen Datengebern die Rechte übertragen lassen, die für die DDB notwendig sind, damit sie die Inhalte auch online stellen kann.

An dieser Stelle ist Vorsicht geboten. Ein schlichtes Einverständnis eines Datengebers gegenüber einem Aggregator, bestimmte Inhalte online zugänglich machen zu dürfen, bedeutet nicht automatisch, dass der Aggregator diese Materialien auch der DDB liefern und ihr die Nutzungsrechte übertragen darf. Im Einzelfall lassen sich Vereinbarungen zwischen dem Aggregator und dem Datengeber vielleicht dahingehend auslegen, dass sie auch eine Überlassung der Materialien an die DDB und die damit verbundene Übertragung von Nutzungsrechten beinhalten – insbesondere, wenn die DDB darin ausdrücklich genannt ist. Um hier jedoch sicherzugehen, ist es ratsam, einen von der DDB speziell für das Verhältnis zwischen Aggregator und Datengeber entwickelten Vertrag zu nutzen. Er sieht die erforderlichen Rechteübertragungen für die spätere Onlinestellung bei der DDB bereits vor. Auch wenn es in vielen Fällen unverhältnismäßig wäre, bereits geschlossene Verträge neu zu verhandeln, so bietet sich dieser Vertrag jedoch für die Zukunft an. Für alle alten Regelungen gilt, genau zu prüfen, ob bei den Rechteüberlassungen auch jene für die Onlinestellung durch die DDB beiliegen.

Archivportal D

Das Archivportal D ist kein eigenständiger Aggregator und auch keine eigene Institution, sondern ein spartenspezifischer Zugang zu den Daten der DDB. Es ermöglicht, Daten um solche besonderen archivarischen Informationen zu ergänzen, die im Allgemeinen für die DDB keine besondere Rolle spielen. Das heißt, alle Datensätze des Archivportals D sind auch in der DDB enthalten, im Archivportal D jedoch ergänzt durch Erschließungsinformationen aus den Archiven. Darüber hinaus ermöglicht das Archivportal D übergreifend in allen Findmitteln der daran teilnehmenden Archive zu recherchieren und sich gegebenenfalls digitalisierte Archivalien aus den Archiven unterschiedlicher Träger anzeigen zu lassen. („Findmittel" ist ein tradierter Begriff für Suchverzeichnisse. Klassische Archive verfügen über „Findbücher", in denen ihre Bestände händisch verzeichnet sind.)

Das Archivportal D ist eine sinnvolle Ergänzung zum allgemeinen Portal der DDB. Die dort verzeichneten Digitalisate sind auch in der DDB recherchierbar, allerdings ohne die Informationen, die für eine spezifisch archivarische Nutzung wichtig sind.

Europeana

Im Verhältnis zur Europeana, dem europäischen Portal für den Zugang zum kulturellen Erbe, fungiert die DDB selbst wiederum als nationaler Aggregator. Das heißt, zumindest die Kernmetadaten der DDB gehen auch in die Europeana ein – es sei denn, im Einzelfall ist etwas anderes vereinbart. Dies ist auch sinnvoll, weil die Europeana zusätzlich ermöglicht, diese Daten in einem anderen Kontext zu recherchieren. Die Kernmetadaten der Europeana sind uneingeschränkt durch Dritte nutzbar, sowohl für nicht kommerzielle wie auch für kommerzielle Zwecke. Sie stehen unter einer CC0-Lizenz, die dafür sorgt, Inhalte wie gemeinfreie Werke behandeln zu dürfen.

Offenheit und Auseinandersetzung mit dem Kulturerbe

9. Neben der weltweiten und digitalen Zugänglichkeit und Nutzbarkeit des Kulturerbes stellen die Einrichtungen auch vor Ort die **größtmögliche Offenheit für die Auseinandersetzung mit dem Kulturerbe** im Land Hessen sicher. Daher überprüfen die Kulturerbe-Einrichtungen in Hessen ihre Hausregeln. Fotografierverbote sollen nur dort gelten, wo dies aus rechtlichen (Rechte Dritter) oder konservatorischen Gründen oder zur Aufrechterhaltung des geregelten Betriebes unumgänglich ist. Ansonsten soll Besucherinnen und Besuchern erlaubt werden, eigene Fotografien der kulturellen Objekte anzufertigen und z. B. über Social Media zu teilen oder in Citizen-Science-Projekte einzubringen.

Auch wenn allgemeine Fotografierverbote in Kulturerbe-Einrichtungen rechtlich zulässig sind, so sind sie im Hinblick auf das Informationsfreiheitsgesetz (IFG) und das Informationsweiterverwendungsgesetz (IWG) kritisch zu sehen. Zwar können mit Fotografierverboten durchaus legitime Zwecke verfolgt werden (z. B., wenn ein Leihgeber ein solches Verbot zur Bedingung für die Leihgabe gemacht hat), wenn solche besonderen Umstände jedoch nicht vorliegen, sollte von Fotografieverboten Abstand genommen werden, denn jedes Verbot verhindert, dass das kulturelle Erbe in die Gesellschaft zurückwirken kann, und dass eine Auseinandersetzung mit dem Kulturerbe stattfinden kann.

In den letzten Jahren haben sich Kulturerbe-Einrichtungen zunehmend von restriktiven Fotoregelungen verabschiedet und auch sehr gute Erfahrungen damit gemacht, dass die Verbreitung der Fotos von Besuchern, insbesondere über Social Media, ganz erheblich zur Popularität der Einrichtungen beigetragen hat. So hat beispielsweise die Stiftung Preußische Schlösser und Gärten unlängst neue Richtlinien für Foto-, Film- und Fernsehaufnahmen erlassen, die solche Aufnahmen generell erlauben und Einschränkungen nur dort vorsehen, wo es zu einer konkreten Interessenkollision mit besonderen Veranstaltungen kommt.

Thomas Scheidt fotografiert für deckenmalerei.eu, Arnstorf 2018 – Foto: Christian Stein/Deutsches Dokumentationszentrum für Kunstgeschichte – Bildarchiv Foto Marburg, CC0 1.0

OpenGLAM-Gemeinschaft

10. Die Kulturerbe-Einrichtungen im Land Hessen werden sich mit anderen Einrichtungen aus der weltweiten **OpenGLAM-Gemeinschaft** vernetzen und austauschen, um Neuauslegungen und -deutungen des Kulturerbes sowie dessen Fortschreibung anzustoßen und zu befördern und damit das Kulturland Hessen als Innovationstreiber anschlussfähig zu halten.

Netzwerk OpenGLAM

Kulturerbe-Einrichtungen weltweit haben sich seit 2010 in dem Netzwerk **OpenGLAM** zusammengeschlossen. GLAM ist ein Akronym für Galleries, Libraries, Archives and Museums, also der englischen Bezeichnungen für Kunsthallen (Galerien), Bibliotheken, Archive und Museen.

Das Netzwerk dient dem Austausch über Strategien und Praktiken für einen offenen digitalen Zugang zum kulturellen Erbe. Durch den Austausch im OpenGLAM-Netzwerk können die sich dem Open-Access-Paradigma verpflichteten Kulturerbe-Institutionen Erfahrungen austauschen und voneinander lernen.

OpenGLAM-Prinzipien

Für den freien und offenen digitalen Zugang zum kulturellen Erbe wurden im Jahr 2013 fünf OpenGLAM-Prinzipien erarbeitet und bereitgestellt:

1. Bibliotheken, Archive und Museen stellen digital die gesammelten Bildungsmaterialien zu ihrem jeweils zugehörigen kulturellen Erbe mit Hilfe dafür geeigneter Werkzeuge so bereit, dass diese möglichst frei weiterverwendet werden können (die größten Freiheitsgrade bietet hier das Werkzeug Creative Commons Zero).
2. Digitale Bildungsmaterialien, die aus Gründen des Urheberrechts zeitlich begrenzt nicht frei weiterverwendet werden dürfen, sollen nach Ablauf des Urheberrechts nicht erneut mit Nutzungseinschränkungen versehen werden, sodass sie ab diesem Zeitpunkt ebenfalls frei weiterverwendbar sind.
3. Bei einer digitalen Veröffentlichung von Bildungsmaterialien des kulturellen Erbes sind von den Galerien, Bibliotheken, Archiven und Museen eindeutig die Erwartungen zur Weiterverwendung der Daten oder Teilmengen davon anzugeben.
4. Bei einer digitalen Veröffentlichung von Bildungsmaterialien des kulturellen Erbes sind offene Dateiformate, die maschinenlesbar sind, zu verwenden.
5. Bibliotheken, Archive und Museen sind angehalten, Möglichkeiten zu ermitteln und umzusetzen, die Öffentlichkeit neuartig im Internet zu erreichen.

Die *Open Access Policy* ist auch diesen OpenGLAM-Prinzipien verpflichtet, die sie für die Praxis der Kulturerbe-Einrichtungen in Hessen konkretisiert.

Widerstände überwinden

Kulturerbe-Einrichtungen sind in verschiedenen Konstellationen darauf angewiesen, dass Dritte ebenfalls der Publikation von Inhalten nach der *Open Access Policy* zustimmen. Etwa, wenn die urheberrechtlichen Nutzungsrechte für Bestände nicht bei der Institution selbst liegen. Oder bei der Vertragsgestaltung mit Dienstleistern, insbesondere bei Fotografinnen und Fotografen oder beauftragten Autorinnen und Autoren. Dabei gilt es oft, Überzeugungsarbeit zu leisten und Vorbehalte zu überwinden. Anhand einiger typischer Konstellationen soll aufgezeigt werden, wie solche Widerstände überwunden werden können.

Öffentliche Finanzierung nur bei offenem Zugang

Wenn es um die Übernahme von Sammlungen geht, gerade bei wichtigen Künstlerinnen und Künstlern, werden Kulturerbe-Einrichtungen in Verhandlungen, z. B. mit Erben, häufig mit Vorstellungen konfrontiert, die meist öffentlich finanzierten Einrichtungen sollten die Zeugnisse des künstlerischen Schaffens zwar für die Ewigkeit bewahren, aber diese nicht frei nutzen dürfen.

Hier gilt es zunächst, deutlich zu machen, dass die Bewahrung kultureller Zeugnisse sehr aufwändig und auch teuer ist. Die Legitimation öffentlicher Finanzierung der dafür notwendigen Ausgaben besteht aber gerade darin, dass diese kulturellen Objekte in der Gesellschaft wirken können. Die bloße Bewahrung von Kulturerbe ohne Nutzen für die Gesellschaft ist hingegen nicht zu rechtfertigen. Eine Beschränkung von Nutzungen – etwa zum Schutz von Persönlichkeitsrechten – ist zwar in bestimmten Konstellationen legitim und hat etwas mit den archivrechtlichen Sperrfristen auch ein entsprechendes Instrument bekommen. Gleichwohl ist dies die Ausnahme, die einer Begründung bedarf, nicht die Regel.

Kontrollverlust und Kontrollillusion

Die Angst vor Kontrollverlust ist ein häufiger Einwand gegen freie Lizenzen. Denn tatsächlich gibt es keine oder nur sehr eingeschränkte Möglichkeiten, gegen die Nutzung von frei lizenzierten Inhalten vorzugehen, die in einem inhaltlich fragwürdigen oder nicht gewollten Zusammenhang geschieht.

Zwar enthalten die Creative-Commons-Lizenzen eine sogenannte „no endorsement"-Klausel, die besagt, dass bei der Nutzung von so lizenzierten Inhalten nicht der Eindruck erweckt werden darf, dass der ursprüngliche Urheber eine Nutzung in anderem Zusammenhang auf Grundlage der Lizenz auch inhaltlich unterstützt.

Doch kann damit nicht jede Nutzung in ungewollten Zusammenhängen per se verhindert werden.

Allerdings geht der Kontrollverlust bereits mit der Digitalisierung und Online-Stellung einher, nicht erst mit der freien Lizenzierung. Wenn ein Digitalisat im Netz ist, wird es in verschiedenen Zusammenhängen genutzt werden. Dies ist technisch leicht möglich und wird auch gemacht – ganz unabhängig vom rechtlichen Status. Zwar ist es möglich, mit der Berufung auf urheberrechtliche Nutzungsrechte gegen unautorisierte Verwendungen vorzugehen. Dies ist jedoch mit erheblichem Aufwand verbunden und erfordert Ressourcen, die Kulturerbe-Einrichtungen in der Regel gar nicht haben. Selbst professionelle kommerzielle Content-Anbieter sind nur schwer in der Lage, die unautorisierte Nutzung von Inhalten zu unterbinden.

In der Praxis führt der Verzicht auf freie Lizenzierung dazu, dass „gute“ und „sinnvolle“ Nutzung durch rechtstreue Institutionen wie Bildungsinstitutionen, Wikipedia, die Zivilgesellschaft und Verlage unterbleibt, während diejenigen, denen der Rechtsstatus egal ist oder die bewusst einen Rechtsverstoß in Kauf nehmen, die Inhalte weiterhin nutzen werden. Insofern trifft der Verzicht auf freie Lizenzierung und der Wunsch nach Kontrolle die Falschen.

Ungeahnte Wirkungsmöglichkeiten

Wenn Kulturerbe-Einrichtungen ihre Bestände zugänglich und nutzbar machen, dann geben sie nicht nur Kontrolle ab, sondern ermöglichen auch Verwendungen, an die niemand vorher gedacht hat. Insofern wäre eine Argumentation verkürzt, die nur auf bestimmte, spätere, sinnvolle Verwendungen verweist. Das Großartige an freier Kultur ist, dass sie in mannigfaltiger Form in die Gesellschaft zurückwirkt und in der Welt genutzt werden kann, auch in Formen, die jetzt noch gar nicht vorstellbar sind. Es ist wie das Öffnen eines Füllhorns an Samen, von denen noch nicht absehbar ist, wo sie wachsen werden und welche wunderbaren Pflanzen daraus entstehen.

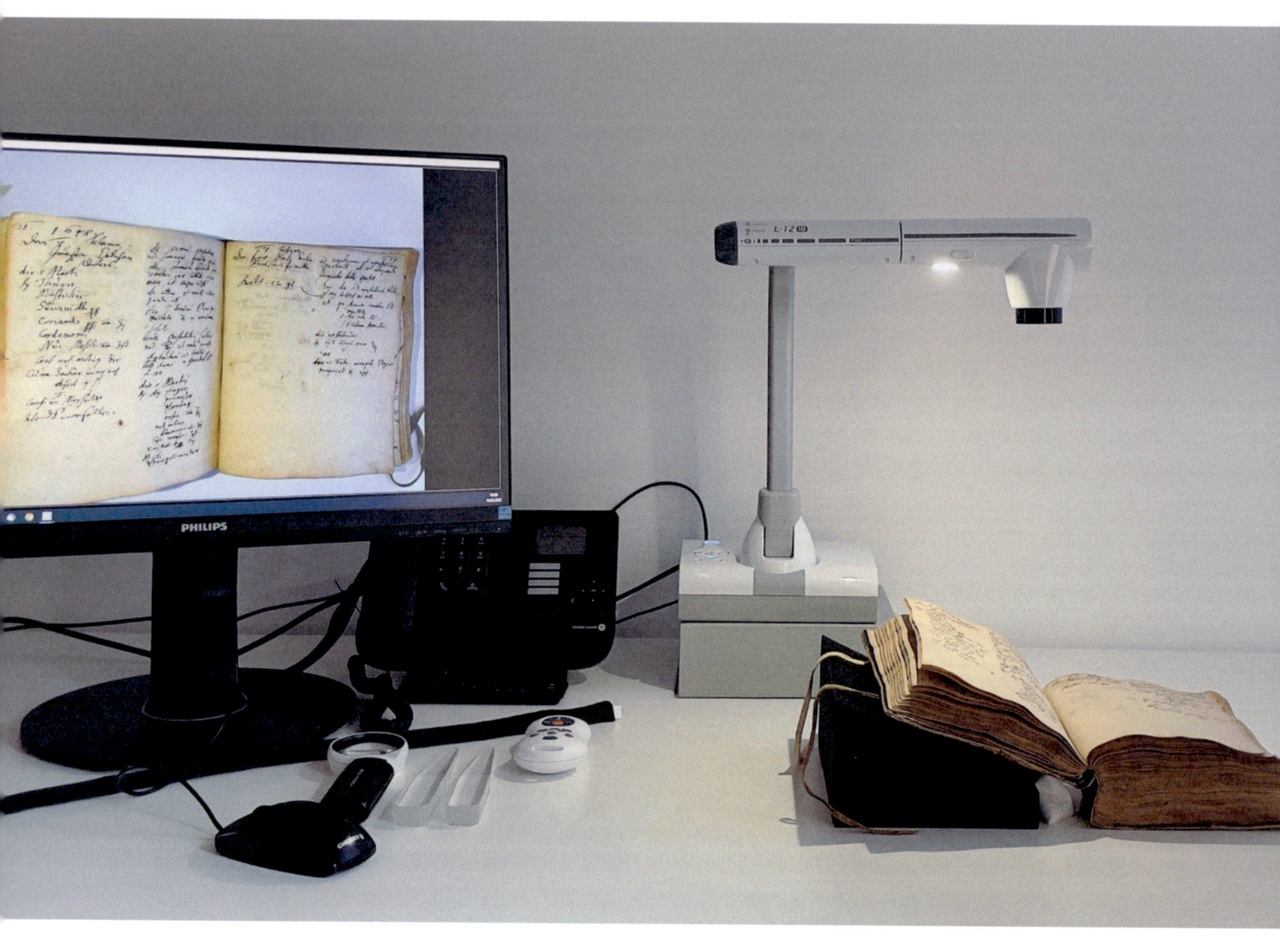

Einsatz der Dokumentenkamera im Sonderlesesaal der Universitätsbibliothek Marburg – Foto: Susanne Saker/Universitätsbibliothek Marburg, CC0 1.0

Weiterführende Hinweise

In Zotero haben wir eine öffentlich zugängliche Literatur- und Materialsammlung angelegt: **www.zotero.org/groups/2783889.** Diese wird ständig erweitert und aktualisiert. Im Folgenden finden Sie eine Auswahl der wichtigsten Dokumente:

Literatur

Berliner Erklärung über den offenen Zugang zu wissenschaftlichem Wissen, 2003. **perma.cc/TW99-WFJK**

Bundesministerium für Bildung und Forschung (BMBF): Open Access in Deutschland. Die Strategie des Bundesministeriums für Bildung und Forschung, Berlin 2016. **perma.cc/6K25-X9D6**

Borski, Sonja u. a.: Freie Lizenzen – einfach erklärt: Ein Leitfaden für die Anwendung freier Lizenzen in der Bertelsmann Stiftung, hg. von Bertelsmann Stiftung, Gütersloh 2017. **perma.cc/JMP3-2KHX**

Boyle, James: The public domain: enclosing the commons of the mind, New Haven 2008. **perma.cc/4VCF-2NQS**

Bundesgerichtshof, Urteil vom 13.10.1965 – Apfel-Madonna. **perma.cc/MM7R-9BCC**

DDBpro: Lizenzen und Rechtehinweise – der Lizenzkorb der Deutschen Digitalen Bibliothek. **perma.cc/ZPQ4-JV5B**

Deutscher Museumsbund/VG Bild-Kunst: Gesamtvertrag zwischen VG Bild-Kunst und Deutschem Museumsbund, 2019. **perma.cc/ASA5-97FR**

Die neue Renaissance. Empfehlungen der Drei Weisen zum Ausbau des europäischen kulturellen Erbes im Netz, in: Paul Klimpel/Ellen Euler (Hrsg.): Der Vergangenheit eine Zukunft – Kulturelles Erbe in der digitalen Welt, eine Publikation der Deutschen Digitalen Bibliothek, Berlin 2015, S. 282–289. **perma.cc/TUR7-QCYL**

Euler, Ellen: Open Access, Open Data und Open Science als wesentliche Pfeiler einer (nachhaltig) erfolgreichen digitalen Transformation der Kulturerbeeinrichtungen und des Kulturbetriebes, in: Lorenz Pöllmann/Clara Herrmann (Hrsg.): Der digitale Kulturbetrieb, Wiesbaden 2019, S. 55–78. **doi.org/10.11588/artdok.00006135**

—: Open Access: Verpflichtung oder Geschäftsmodell für Kultureinrichtungen?!, in: Ellen Euler u. a. (Hrsg.): Handbuch Kulturportale: Online-Angebote aus Kultur und Wissenschaft, Berlin 2015, S. 81–101. **doi.org/10.17176/20180718-144920-0**

—: Rechtsklarheit für User: Creative Commons Lizenzen & International Rights Statements, in: Deutsche Nationalbibliothek (Hrsg.): Lizenzangaben und Rechtedokumentation im Dialog – Datenflüsse nachhaltig gestalten, Frankfurt am Main 2018, S. 9–17. **nbn-resolving.org/urn:nbn:de:101-2018080900**

FAIR Principles. **perma.cc/W7SJ-6WZG**

Fischer, Veronika: Bildrechte in der kunsthistorischen Praxis. Ein Leitfaden, 2021. **doi.org/10.11588/artdok.00007225**

GLAM-Wiki. **perma.cc/7HX8-KL2Z**

Hessisches Landesarchiv: Digitalstrategie des Hessischen Landesarchivs, Wiesbaden 2019. **perma.cc/7VSH-26SF**

Klimpel, Paul: Freies Wissen dank Creative-Commons-Lizenzen : Folgen, Risiken und Nebenwirkungen der Bedingung nicht-kommerziell – NC, hg. von Wikimedia Deutschland/iRights.info/Creative Commons Deutschland, Berlin 2012. **perma.cc/8RLQ-2BSQ**

—: Kulturelles Erbe digital – Eine kleine Rechtsfibel, hg. von digiS, Forschungs- und Kompetenzzentrum Digitalisierung Berlin/Zuse-Institut Berlin/iRights Law, 1. Auflage, Berlin 2020. **doi.org/10.12752/2.0.004.0**

Klimpel, Paul/Rack, Fabian: Archivgebühren: Was gemeinfrei ist, muss gemeinfrei bleiben, 2017. **perma.cc/C6EQ-VP5Z**

Klimpel, Paul: Urheberrechtsreform 2021. Neue Chancen für das kulturelle Erbe, hg. von Digitales Deutsches Frauenarchiv/digiS, Forschungs- und Kompetenzzentrum Digitalisierung Berlin/Zuse-Institut Berlin, 1. Auflage, Berlin 2021. **nbn-resolving.org/urn:nbn:de:0297-zib-84315**

Kreutzer, Till: Open Content – ein Praxisleitfaden zur Nutzung von Creative-Commons-Lizenzen, hg. von Deutsche Unesco-Kommission/Hochschulbibliothekszentrum des Landes Nordrhein-Westfalen (hbz)/Wikimedia Deutschland, 2. Auflage, Bonn 2016. **perma.cc/9HRJ-ZDN5**

Maaz, Bernhard: Die Münchner Note. Zur Online-Verfügbarkeit von Sammlungsgut in Abbildungen, in: AKMB-news 24 (2018), S. 58–60. **doi.org/10.11588/akmb.2018.2.70587**

Niederalt, Stephanie: Recht und Zugang – Die Perspektive der Museen –, in: RuZ – Recht und Zugang 1 (2020), S. 47–55. **doi.org/10.5771/2699-1284-2020-1-47**

Open Access Policy der Kulturerbe-Einrichtungen in Hessen, 2021. doi.org/10.17192/es2021.0029

OpenGLAM Principles. **perma.cc/78W3-DYW5**

RightsStatements.org: Rechtehinweise. **perma.cc/6WAW-642B**

Schmidt, Antje: Warum „Access“ nicht genug ist. Die MKG Sammlung Online und das Potenzial von offenen und nachnutzbaren Sammlungen, in: Konferenzband EVA Berlin 2016. Elektronische Medien & Kunst, Kultur und Historie: 23. Berliner Veranstaltung der internationalen EVA-Serie Electronic Media and Visual Arts EVA Berlin, Band 23 (2017), S. 169–174. **doi.org/10.11588/arthistoricum.256.338**

Stiftung Preußische Schlösser und Gärten Berlin-Brandenburg (SPSG): Richtlinien über Foto-, Film- und Fernsehaufnahmen. **perma.cc/5UMC-CWLJ**

Stiftung Preußischer Kulturbesitz: Offener Zugang für Forschung und Kultur – Die Stiftung Preußischer Kulturbesitz fördert den offenen Zugang zu wissenschaftlichem Wissen – Open-Science-Erklärung, 2021. **perma.cc/F57R-TTMG**

Gesetze

Gesetz für die Nutzung von Daten des öffentlichen Sektors – **DNG.** **www.gesetze-im-internet.de/dng**

Gesetz über die Wahrnehmung von Urheberrechten und verwandten Schutzrechten durch Verwertungsgesellschaften – **VGG.** **www.gesetze-im-internet.de/vgg**

Gesetz über Urheberrecht und verwandte Schutzrechte – **UrhG.** **www.gesetze-im-internet.de/urhg**

Richtlinie (EU) 2019/790 des Europäischen Parlaments und des Rates vom 17. April 2019 über das Urheberrecht und die verwandten Schutzrechte im digitalen Binnenmarkt und zur Änderung der Richtlinien 96/9/EG und 2001/29/EG (Text von Bedeutung für den EWR.) – **DSM-Richtlinie, 2019.** **data.europa.eu/eli/dir/2019/790/oj/deu**

Richtlinie (EU) 2019/1024 des Europäischen Parlaments und des Rates vom 20. Juni 2019 über offene Daten und die Weiterverwendung von Informationen des öffentlichen Sektors – **PSI-Richtlinie, 2019.** **data.europa.eu/eli/dir/2019/1024/oj/deu**

Die Universitätsbibliothek Marburg – Foto: Susanne Saker, CC0 1.0

Anhang

Open Access Policy der Kulturerbe-Einrichtungen in Hessen

Herausforderung

Zum kulturellen Erbe und Reichtum Hessens gehören insbesondere historische Gebäude, Kulturlandschaften sowie Sammlungsobjekte und Dokumente der Museen, Archive und Bibliotheken. Die Hessische Landesregierung fördert die Digitalisierungsaktivitäten der hessischen Kulturerbe-Einrichtungen auf vielfältige Weise, denn die Digitalisierung vereinfacht den *Zugang* und erweitert und vervielfacht die *Nutzbarkeit* des von diesen Einrichtungen verwalteten Kulturschatzes. Die Chancen der digitalen Transformation sind in allen Bereichen der Gesellschaft und damit auch in den Kultur- und Gedächtnisinstitutionen als zentrale Gestaltungsaufgabe erkannt worden. Die Kulturerbe-Einrichtungen erfassen deshalb ihre Kulturgüter in Datenbanken, erstellen digitale Abbilder der Kulturgüter und stellen diese der Öffentlichkeit im Internet zu vielfältigen Nutzungen zur Verfügung.

Der offene Zugang wird jedoch häufig durch rechtliche, technische oder finanzielle Beschränkungen stark behindert. Beschränkungen, welche die Nutzung und Fortschreibung von Kunst und Kultur behindern, sollen abgebaut werden. Durch den Ausbau chancengerechter, niederschwelliger Zugänge zu digitalisierten kulturellen Objekten können neue, zielgruppengerechte Angebote entwickelt werden und eine breitere dezentrale Teilhabe ermöglichen – barrierefrei, ortsunabhängig und chancengerecht.

Nur eine umfassende und freie digitale Nutzbarkeit von Kulturobjekten und -daten, ohne vermeidbare rechtliche, finanzielle oder technische Beschränkungen, schöpft das Potenzial der digitalen Transformation für Forschung, Wissenschaft und Bildung sowie die interessierte Öffentlichkeit und bürgerschaftliche Projekte voll aus. Neue Formen der Teilhabe und Kollaboration sowie der Transfer von kulturellem Wissen in die Gesellschaft bauen auf dem offenen Zugang und der Möglichkeit zur Nutzung digitaler kultureller Objekte auf.

Die *Berliner Erklärung über den offenen Zugang zu wissenschaftlichem Wissen* von 2003, die international von über 700 wichtigen Kultur- und Wissenschaftsorganisationen unterzeichnet wurde und die grundlegend für die freie Wissensgesellschaft in der digitalen Welt ist, ist auch handlungsleitend für die Kulturerbe-Einrichtungen in Hessen. Bestehende Beschränkungen sind zu überwinden und die Bereitstellungspolitiken und Finanzierungspraxis der Kulturerbe-Einrichtungen an geänderte rechtliche und gesellschaftliche Rahmenbedingungen anzupassen.

Die vorliegende Open Access Policy definiert in einem Zehn-Punkte-Plan einen einheitlichen, innerhalb der geltenden rechtlichen Vorgaben passenden Rahmen für den Umgang mit Regelungen zur Nutzung und Abgeltung von digitalen Angeboten und Leistungen. Sie fördert so spartenübergreifend den freien digitalen Zugang zu Werken der materiellen und immateriellen Kultur sowie deren Verwendbarkeit.

Handlungsmaxime

Mit den im Folgenden benannten Handlungsempfehlungen wird die Forderung aus der *Berliner Erklärung über den offenen Zugang zu wissenschaftlichem Wissen* aus dem Jahre 2003 an die aktuellen Entwicklungen und Veränderungen rechtlicher Vorgaben angepasst und für den Kulturerbe-Bereich im Land Hessen konkretisiert. In Übereinstimmung mit

- der europäischen und nationalen Gesetzgebung zur Weiterverwendung von Informationen der öffentlichen Hand,
- der Anpassung des Urheberrechts an die Erfordernisse des digitalen Binnenmarktes (DSM-Richtlinie),
- der europäischen und nationalen Förderpolitik,
- den wissenschafts- bzw. kulturpolitischen Deklarationen vonTräger- und Fördereinrichtungen, welche den offenen Zugang zu öffentlich finanzierten Wissensressourcen fordern,

sowie in Einklang mit den Grundsätzen für offene Kulturerbe-Einrichtungen und den Ansätzen aus der nationalen Datenstrategie des Bundes wollen die Kulturerbe-Einrichtungen in Hessen folgende Maßgaben umsetzen:

1. Kulturelle Inhalte und Daten sollen offen und breit verfügbar sein. Sie sollen möglichst ohne rechtliche, technische oder finanzielle Beschränkungen verwendbar sein. Wer nach diesen Prinzipien handelt, fördert die Verbreitung von Informationen für Wirtschaftsakteure und auch für die allgemeine Öffentlichkeit. Das ist notwendig, um soziales Engagement und die Entwicklung neuer Dienstleistungen, die solche Informationen auf neuartige Weise kombinieren und nutzen, anzustoßen und zu fördern. Die Kulturerbe-Einrichtungen im Land Hessen machen kulturelle Objekte und Daten daher nach dem Grundsatz **„so offen wie möglich“** über das Internet zugänglich und nutzbar. Das beinhaltet die im Folgenden adressierten technischen, rechtlichen und finanziellen Aspekte.

2. Offenheit und Nachnutzbarkeit setzen gehaltvolle und interoperable Metadaten, hohe Qualität und Auflösung der Digitalisate, offene Schnittstellen und offene (Datenaustausch-) Formate voraus. Die Bereitstellungspolitik für kulturelle Objekte und Daten soll den **FAIR-Prinzipien** folgen und Auffindbarkeit, Zugänglichkeit, Interoperabilität und Wiederverwendbarkeit

technisch wie rechtlich sicherstellen. Die Kulturerbe-Einrichtungen in Hessen orientieren sich an den für Forschungsdaten entwickelten FAIR-Prinzipien.

3. Die Kulturerbe-Einrichtungen unterstützen die Wiederverwendbarkeit digitaler kultureller Objekte und Daten durch eine geeignete Lizenzierungspolitik: Gemeinfreie Werke werden als solche gekennzeichnet, wozu das international anerkannte, maschinenlesbare Public Domain Mark verwendet werden soll. Ansonsten werden die Creative-Commons-Lizenzen in Version 4.0 als standardisierte und maschinenverständliche **freie Lizenzen** genutzt. In Übereinstimmung mit den Richtlinien der DFG werden für urheberrechtlich geschützte Werke die Creative-Commons-Lizenzen CC BY und CC BY-SA verwendet oder diese mittels CC0 für die Nachnutzung freigegeben. Für digitale kulturelle Objekte und Daten, an denen Rechte Dritter bestehen und für die keine Nutzungsrechte eingeräumt werden können, sollen die Rechtehinweise von RightsStatements.org zur Anwendung gebracht werden, um eine standardisierte Aussage zu gegebenenfalls auf gesetzlicher Grundlage bestehenden Nutzungsfreiheiten zu treffen.

4. Die Kulturerbe-Einrichtungen nutzen die seit der Urheberrechtsnovelle 2021 erweiterten rechtlichen Möglichkeiten zur **Online-Stellung nicht verfügbarer Werke** (vormals vergriffener Werke) sowie verwaister Werke.

5. Da **Gebühren und Entgelte** für die Weiterverwendung von kulturellen Daten und Inhalten eine erhebliche Beschränkung für den Zugang, die Nutzung und Weiterverwendung durch die Allgemeinheit sowie die Kulturwirtschaft darstellen, sollen sie grundsätzlich entfallen. Das entlastet die Einrichtungen vom damit bislang verbundenen Verwaltungsaufwand, zumal die gebührenbasierte Vermarktung kultureller Objekte und Daten nicht zu ihren originären Aufgaben gehört. Vor dem Hintergrund dieser Policy setzen die Kulturerbe-Einrichtungen im Land Hessen nicht weiter auf verknappende und gewinnorientierte Geschäftsmodelle mit Kulturobjekten und Daten, sondern streben eine möglichst weite gesellschaftliche Wirkung des kulturellen Erbes in Hessen und darüber hinaus an.

6. **Koproduktion und nutzergenerierte Inhalte** ermöglichen kulturelle Innovation. Die Kulturerbe-Einrichtungen im Land Hessen beschränken sich daher nicht auf die digitale und offene Bereitstellung kultureller Objekte und Daten. Sie bewerben vielmehr proaktiv ihre offenen und frei nutzbaren Angebote und treten mit relevanten Nutzungsgruppen, digitalen Kanälen, Plattformen und Communities in Austausch und institutionalisieren diesen.

7. Die Kulturerbe-Einrichtungen im Land Hessen bringen eigene Inhalte und kulturelle Informationen in Form von frei nutzbaren Daten entweder selbst oder durch gelebte bürgerwissenschaftliche Kooperationen in offene semantische Netze ein. Damit wird das volle Potenzial digitaler kultureller

Objekte im Zusammenspiel von freien Lizenzen, hoher Qualität und standardisierten, strukturierten Daten für Semantic Web und Linked Open Data ausgeschöpft, und lokal vorhandenes Wissen kann mit dem Weltwissen in Beziehung gesetzt werden. Für die **Vernetzung** und mehrsprachige Sichtbarkeit des Kulturerbes aus Hessen schließen sich die Einrichtungen nach Möglichkeit den Aktivitäten und dezentralen Diensten der Nationalen Forschungsdateninfrastruktur (NFDI) an, nutzen zentrale Dienste zur Qualitätssicherung wie die Gemeinsame Normdatei der Deutschen Nationalbibliothek und befassen sich explorativ mit freien Wissensdatenbanken wie z. B. Wikidata.

8. Regionale, nationale und weltweite Sichtbarkeit des Kulturerbes werden über Kulturplattformen wie die **Deutsche Digitale Bibliothek** und **Europeana** sichergestellt. Kulturerbe-Einrichtungen aus Hessen bringen eigene Angebote gemäß der unter Punkt 3 beschriebenen Lizenzierungspolitik ein.

9. Neben der weltweiten und digitalen Zugänglichkeit und Nutzbarkeit des Kulturerbes stellen die Einrichtungen auch vor Ort die **größtmögliche Offenheit für die Auseinandersetzung mit dem Kulturerbe** im Land Hessen sicher. Daher überprüfen die Kulturerbe-Einrichtungen in Hessen ihre Hausregeln. Fotografierverbote sollen nur dort gelten, wo dies aus rechtlichen (Rechte Dritter) oder konservatorischen Gründen oder zur Aufrechterhaltung des geregelten Betriebes unumgänglich ist. Ansonsten soll Besucherinnen und Besuchern erlaubt werden, eigene Fotografien der kulturellen Objekte anzufertigen und z. B. über soziale Medien zu teilen oder in Citizen Science-Projekte einzubringen.

10. Die Kulturerbe-Einrichtungen im Land Hessen werden sich mit anderen Einrichtungen aus der weltweiten **OpenGLAM-Gemeinschaft** vernetzen und austauschen, um Neuauslegungen und -deutungen des Kulturerbes sowie dessen Fortschreibung anzustoßen und zu befördern und damit das Kulturland Hessen als Innovationstreiber anschlussfähig zu halten.

Weitere Informationen und Unterzeichnende:
www.uni-marburg.de/fotomarburg/oa-policy

Druck und Bindung
Books on Demand GmbH
In de Tarpen 42, 22848 Norderstedt